U0736232

图解服务的细节
070

飲食店完全バイブル　売れまくるメニューブックの作り方

餐饮店如何打造
获利菜单

[日]河野祐治　笠冈一 著
[日]《日经餐馆》编
张永亮　陶小军 译

人民东方出版传媒
People's Oriental Publishing & Media

图字：01-2017-6023 号

INSHOKUTEN KANZEN BIBLE UREMAKURU MENU BOOK NO TSUKURIKATA
Written by Yuji Kawano, Hajime Kasaoka and edited by Nikkei Restaurants

Originally published in Japan by Nikkei Business Publications, Inc.
Simplified Chinese translation rights arranged with Nikkei Business Publications, Inc.
through Hanhe International (HK) Co., Ltd.

图书在版编目（CIP）数据

餐饮店如何打造获利菜单 /（日）笠冈一，（日）河野祐治 著；张永亮，陶小军 译. —北京：东方出版社，2018. 5
（服务的细节；070）
ISBN 978-7-5207-0284-3

Ⅰ. ①餐… Ⅱ. ①笠… ②河… ③张… ④陶… Ⅲ. ①饮食业—商业经营 Ⅳ. ①F719. 3

中国版本图书馆 CIP 数据核字（2018）第 047486 号

服务的细节 070：餐饮店如何打造获利菜单
（FUWU DE XIJIE 070：CANYINDIAN RUHE DAZAO HUOLI CAIDAN）

作　　者：[日] 河野祐治　[日] 笠冈一 著
　　　　　[日]《日经餐馆》编
译　　者：张永亮　陶小军
责任编辑：崔雁行　高琛倩
出　　版：东方出版社
发　　行：人民东方出版传媒有限公司
地　　址：北京市东城区东四十条 113 号
邮　　编：100007
印　　刷：北京文昌阁彩色印刷有限责任公司
版　　次：2018 年 5 月第 1 版
印　　次：2018 年 5 月第 1 次印刷
开　　本：880 毫米×1230 毫米　1/32
印　　张：7. 75
字　　数：137 千字
书　　号：ISBN 978-7-5207-0284-3
定　　价：68. 00 元
发行电话：（010）85924663　85924644　85924641

前　言

我们两个人每年指导很多餐饮店，为每年超过300部菜单的更新提供帮助。我们更新的菜单，在日本各地的餐饮店取得了良好的效果，比如“想让顾客点的商品，其点单量提高了三倍”“降低了成本率，增加了利润”“改进了操作流程”“营业额维持在去年的120%”等。

为什么我们每次都能取得成果呢?

因为我们掌握了以下技巧：首先要考虑被指导的店“应该有什么样的菜单”，然后向着这个大目标按照顺序完成内容。

比如，针对一家正在卖招牌商品的店，我们会考虑“在菜单纸面上如何表现，才能有效卖出招牌商品”。另外，还会进行具体的假定来设计菜单，如“为了扩大顾客层增加顾客数量，应该在菜单上追加新的类别”等。

我们指导制作的菜单，在摆放料理、饮品的顺序，照片的尺寸，分类方式，页码的布局等方面都进行了认真的构思。菜单在整体上向顾客明确传达了店的总体形象（Concept）是什么，都重视哪些料理，顾客用什么样的方式点单才最能享受到店家提供的服务。

· 为什么这个商品被放在菜单最醒目的地方？
· 为什么商品的照片要使用这个尺寸？
· 与改进前的菜单相比，为什么分类这么细？

我们制作的菜单是能够全部解释这些的依据。

随意排列料理的菜单完全向顾客传达不出店的想法和特色是什么。即使在同行店里也不会有任何违和感、能融入进去的菜单绝对不会抓住顾客的心，毫无效果。

另外，这次还制作了特别篇，加入了在居酒屋①和餐吧等各种营业形态中被广泛使用的“手写菜单”的制作方法。“手写菜单”的使用范围得到了极大的拓展，如为了向顾客推荐每天在鱼市场采购的新鲜鱼，制作的“当日推荐”，为

① 居酒屋：具有日本特色的餐饮店，不同于一般的酒吧或餐馆，在这里以喝酒为主，价格便宜，还提供些简单的饮食，方便快捷。

了向顾客介绍根据季节变化准备的日本酒、白酒、葡萄酒等，制作的“季节菜单”。用充满个性的毛笔字写成的“手写菜单”还有书信般的作用，使店员的个性深深印在顾客的心里。现在很多顾客都是先浏览“手写菜单”而不是大菜单，请一定要灵活掌握它的使用方法。

我们多年以来都在帮助店家制作菜单，拥有制作菜单的技巧。非常清楚很多餐饮店的菜单失败在哪里，修改哪里能取得效果。

本书将要告诉您如何制作有效菜单，以及实现这一目的的具体步骤。如果本书帮助您改进了贵店的菜单并取得了成效，我们将不胜荣幸。

河野祐治　笠冈一

改进前　不容易知道哪个是招牌商品

标价的位数凌乱，不容易看懂商品价格

暖かいお蕎麦(おうどんでもご用意出来ます)

たぬき・・・・・・¥560　きつね・・・・・・・¥600

玉子とじ・・・・・¥680　山菜・(山ごぼう入り)・・・¥780

カレー南蛮・・まかないごはんで大人気スタッフ一押しです・・　¥750

力うどん・お餅も愛知家で作っていますモチ米100%自信あり！・¥750

けんちん・根菜たっぷり。野菜をたくさん食べたい方にお勧め・・・¥780

鴨汁・・熱々の鴨汁に冷たいお蕎麦で鴨肉の旨味がたっぷりです・・¥900

鍋焼きうどん・・・・・・・・・・・・・・・・・・¥1050

天ぷらそば・・・・・・・・・・・・・・・・・・・¥930

上天ぷらそば・海老が2本と野菜3点の豪華版です¥1500

<愛知家特製名古屋の美味しいもの>

店主の生まれ故郷、愛知県の美味しいものを店主が独自にアレンジ。
他では中々食べられない名古屋の味を楽しんでください。

名古屋名物きしめん・・・・・・・・・・・・・・・¥680

味噌煮込みうどん・・¥840　みそかつ丼・・・¥1000

ひつまぶし・国産鰻を使用しています・・¥2100

看似把招牌商品放在了一个专区，但很难给人留下印象

图解　畅销的菜单有这些不同

Before

类别名文字的大小、字体与商品名几乎没有区别，难以知道菜单的构成

难以一眼看懂什么是招牌商品

使用的照片没有特色，达不到效果

冷たいお蕎麦（うどんでもご用意出来ます）

もり・・・本当の蕎麦好きはこれ一本。自身を持ってお勧めします。 ￥530

大もり・・愛知家のお蕎麦の量は多めです。店主は小さい時から食べる事が大好きで、若い時は中々お腹一杯食べる事が出来ませんでした。お店を持ったらお客様にたくさん食べてもらう事が夢でした。どうぞ存分に堪能してください。 ￥640

きしめんもり・・・・・・・￥560　　ざる・・・・￥580

とろろ・・・・・・・・・・￥700　　冷やしたぬき　￥750

野菜天せいろ・・サクサク野菜の天ぷら7点入り　￥850

天せいろ・・天然のプリプリ海老1本と野菜4点入り　￥1,150

上天せいろ・・海老2本野菜が4点の豪華版です　￥1,500

上がりそば￥420

お酒の後にさっぱり食べたいミニサイズのお蕎麦です。

<ご飯もの>

玉子丼・・・・・・￥680　かつ丼・・・・・・・・￥930

滋養鶏入り親子丼・・・・鳥肉の旨味がたっぷりです・・・・・・・・￥850

野菜天丼・サクサク野菜の天ぷら７点入りヘルシー感たっぷり・・￥850

天丼・・天然のプリプリ海老2本と野菜が2点入り・・・・・.￥1150

上天丼・天然ぷりぷり海老3本と野菜2点入り入りです・・・・￥1500

改进后　招牌商品清晰可见，点单增加了

根据主打菜和一般菜的不同，照片的尺寸要有所不同，进行“点单控制”让顾客关注店铺想卖的商品

→参照177页

要细化“特色信息”，以区别于其他店

→参照170页

图解 畅销的菜单有这些不同

目　录

第1章

优秀菜单的必备要素

1 菜单是向顾客传达店的价值的“媒介”

通过菜单能实现的东西归根到底只有两个，即“传达店的价值”和“点单控制”（Order Control）。

如果菜单的这两个功能发挥效果，就会产生很多正面的作用，如“优化店员的操作”“实现店家设定的人均消费”“增加毛利”等。

什么决定店的第一印象？

首先，传达“店的价值”为什么如此重要？

菜单是顾客来到店里最先看到的东西。大多数到店里来的顾客都会浏览菜单。把能够高效传达店的优点的、发挥重要作用的这个“媒介”，仅制作成接受顾客点单的“工具”，实在是太可惜了。

如今这个时代，有很多好吃的餐饮店，也有很多便宜的餐饮店。

要想成为被顾客选择的旺店，不仅要在价格和味道上下功夫，还要向顾客传达出自己的店异于其他店的价值。

所以，我们应该认真灵活地使用店里最有影响力的“媒介”——菜单。

菜单的两大功能是“传达店的价值”和“点单控制”

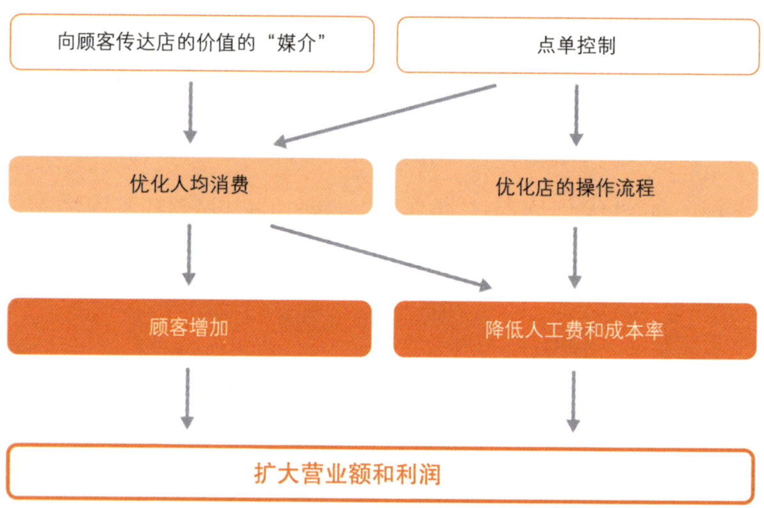

菜单归根结底有“传达店的价值”的媒介和引导顾客点单的“点单控制”两个作用

2 通过菜单可以“控制”顾客的点单

菜单的第二个重要功能是“点单控制”。也就是说，根据菜单的制作方法，按照店主的想象，增加或减少料理、饮品的点单量。

根据菜单，向顾客详细传达“贵店异于其他店的价值”，按照店主的想象点料理和饮品，这样就能以最优秀的形式让顾客“体验”到店的价值。通过“点单控制”的方法来“引导”顾客是菜单的任务。

就“鸡肉料理店”来说，店主让第一次到店里来的顾客感到最满意的点单方式是“给他们品尝经过严格挑选的各地的白酒和鸡肉料理，最后以鸡肉咸汤拉面收尾”这样的流程，可以通过制作本书介绍的菜单实现让很多顾客来点单。

因为是店家考虑的最佳形式，体验过这家店的顾客的满意度当然会提高，也就会反复光顾而变成常客了。

相反，如果菜单的制作方法不恰当，不能很好地传达店的价值，就会出现给顾客留下不好印象的情况。不能让顾客吃到店里最自豪的招牌商品，受到“这家店也不过如此”的负面评价，对于店来说是非常遗憾的事。

店主所考虑的“店的价值”，即制作出能明确传达“店的总体形象”的优秀菜单，实现“点单控制”，让顾客高概率地体验理想的饮食。想要成为旺店，这非常重要。

3 通过“点单控制”可以调整店主想实现的人均消费

进行“点单控制”，既可以提高也可以降低人均消费。因为在设计菜单的时候，通过放大或缩小料理、饮品的刊登版面，可以调整顾客对料理和饮品的关注度。

一般来说，提高人均消费，可以增加营业额和利润。

相反，还可以通过“点单控制”，降低人均消费。在居酒屋和餐吧等营业形态中也有店家认为“人均消费超过 4000 日元，顾客的来店频率就会降低，降低人均消费会让顾客更加频繁地来店消费”，于是只好故意降低人均消费来增加回头客、提高营业额。

只要提高营业额就能成为旺店的这种想法，其实在餐饮店并不可行。虽然增加人均消费可以暂时提高营业额，但是如果变成一个“高消费的店”，顾客就会到别处去，店也就不会长久。如果能够完全吻合店的价值进行“点单控制”，即使营业额处于平稳状态，也会增加毛利。

是增加顾客数量还是增加人均消费？

餐饮店的营业额可以通过公式“营业额=顾客数量×人均消费”进行计算。进一步分析，增加“顾客数量”包括4种方法，分别是：①争取新顾客；②让新顾客下次再来；③再次稳固使其成为常客（提高回头率）；④赢得口碑和顾客的推荐度。

增加另一个要素“人均消费”的方法可以分为2种，分别是：①增加每个人的商品点单量；②提高商品的平均单价。

增加营业额时，到底要提高这6个要素中的哪一个为好？有必要对照“店的总体形象”考虑对策。

比如，有很多法国餐厅通过提高人均消费来确保营业额；在稍显舒适的小餐馆，则是通过合适的价格销售相对高级的料理，凭借顾客数量和人均消费两个方面来确保营业额；而在很多站着喝酒的居酒屋和餐吧，则采取了降低人均消费来增加顾客数量的对策。

我们要以营业形态和周边的竞争店为视角，弄清楚自己的店应该用什么样的对策来增加营业额，制作出与之相应的菜单让顾客点单。

4 也为初次来店的顾客提供通俗易懂的内容

旺店的菜单共通的特点是内容“通俗易懂”。更详细地说，就是以“不让人迷惑”“不让人紧张”“不让人出丑”的视角制作菜单。

看了菜单，不能让顾客犯愁：“嗯……选哪个呢？不会很失败吧？”“推荐的料理是什么呢？”

另外，如果不能从商品名上想出料理的内容或味道，顾客可能会想“这是什么菜呢？虽然想知道，但询问店员太麻烦了，就不点了吧”。这样一来，店铺就会丧失一次让顾客品尝招牌商品的宝贵机会。

如果日本酒和白酒等的商品名使用难懂的汉字，或许会让顾客犹豫要不要点单：“怎么读？不会读多难为情啊……”

也就是说，优秀的菜单是细致地考虑到要让顾客的点单变得容易，能够毫不紧张地、自由地点自己想吃的菜、想喝的饮品。

以前遇到的一些店主会说：“我们的顾客都是不看菜单点单的常客，菜单不重要。”“即使不特意在菜单上写料理的说明，大家也会知道的。”但是，这样的顾客全都是来店里2次以上的顾客吧。

餐饮店光靠常客是不能维持下去的。餐饮店这一行业正是通过招揽新顾客，使其成为常客这种方式才得以维持的。

因此，优秀的菜单要能够明确传达出代表店的总体形象和卖家的商品，应该提供不让初次来店的顾客感到困扰的内容。

并且，如果在菜单上写清楚顾客经常问到的内容，菜单就能代替店员了。也就是说，店员就不必停下来用几分钟回答顾客的提问，这样就起到了减轻店员负担的效果。能用工具做到的事就用工具做，只能靠人来做的事就让人来做。要成为旺店，这种思维是非常重要的。

5 加深店的印象，扩大好评

刚说过“菜单是餐饮店最有影响力的媒介”。这里再来补充一下“媒介”是什么。

媒介是“传递和保管信息的容器”。特别是在餐饮店，我们认为“承载语言的东西、传递信息的东西”全都是媒介。也就是说，张贴有海报的店内的墙壁、店的门脸（入口处的造型和店的外观）、店员的言行举止全都是“媒介”。另外，在家人、朋友和同事间口口相传，推广店的优点的顾客也是一种“媒介”。

通过菜单增加口碑

如果通过菜单能够加深顾客对店的价值的印象，就会在顾客之间广受好评。

也就是说，通过菜单上配的照片和文字，可以让顾客记住表示自家店特色的句子，并能带回去。

以烤肉店的菜单为例，通过划分商品构成和类别（分类），可以将店家想要传达的内容留在顾客的记忆中，比如“光五花肉就有16种”“一直以来我们都是接受点单后才开始做冷面”等。顾客肯定也会像自己说的那样用这样的语言，向同事、家人和朋友讲述在烤肉店享受了怎样快乐的体验。

另外，按照菜单上的“点单控制”，以店家最希望的形式享受用餐的顾客会变成常客，帮店家宣传“发现了一家如此好的店”。

这样很好地使用菜单，也可以有效地控制宣传，帮店家把想传递的信息宣传出去。

6 有设计根据的菜单有效的制作方法

我们亲手制作过很多菜单，为了制作有效的菜单，在此介绍一下我们想到的步骤。其流程表如 14 页所示：

确认店的总体形象

虽说要更新菜单，但我们不是突然着手设计菜单。为什么？因为店是否能开得兴旺，其 6 成取决于店的总体形象。为了制作符合店总体形象的有效菜单，首先要确认“店的总体形象”。

其次，要了解店的现状并整理信息，以确认总体形象。不怎么去店里的店主最好征询一下常去店里的店员的意见。这个时候，如果不是新开业的而是之前就在经营的店要重新制作菜单，掌握以前菜单的优点和缺点也是很重要的。

制作有效菜单的流程

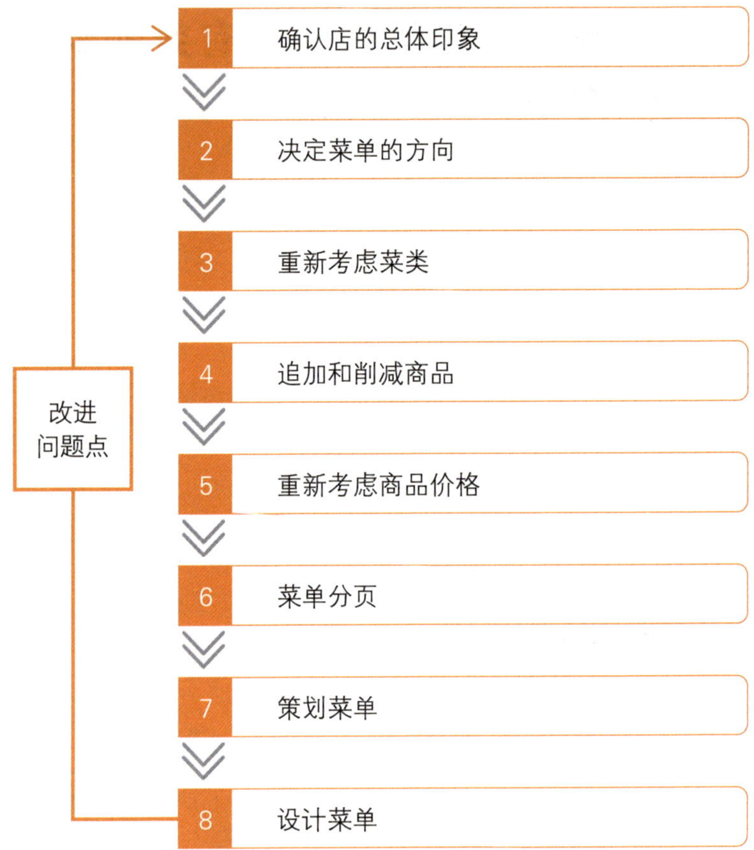

不要只是依靠店主和店员的直觉，要在好好确认店的总体形象的基础上，制作出掌握每个菜品销售数据的有“根据”的菜单

为了确认店的总体形象，我们不仅要征询店员的意见，还要根据现有菜单每天的营业额数据（POS 数据）进行分析。这会使用到“ABC 交叉分析法”。

一般来说，“ABC 分析法”是指把所有商品按照“营业额”从多至少的顺序，分 A、B、C 三个等级进行整理的方法。也有按照“利润”从多至少的顺序，分 A、B、C 三个等级进行整理的情况。而以“营业额”和“利润”2 个轴线进行整理的方法被称为“ABC 交叉分析法”。

本书在第 5 章将进行详细说明。然而在制作菜单的时候，为什么必须使用“ABC 交叉分析法”呢？

这是因为仅仅通过征询店员意见获得的信息进行重新考虑商品，有可能造成判断失误。实际上，根据我们的指导经验，店主的现场感觉和从店员征询来的内容，在用数据确认时经常出现错误。因为来自常客的点单太多，给店员留下了印象，把本来没有卖出的商品错认为已经卖出了。比如在居酒屋，虽然店员说“沙拉中最受欢迎的是豆腐沙拉”，实际上凯撒沙拉才是绝对受欢迎的。所以，需要通过“ABC 交叉分析法”从数据中获得真相。

决定菜单的方向性

确定了店的总体形象后，要根据总体形象决定“菜单的方向性”。菜单的方向性包括“书本型”或“3 折型”等菜单的形状、B4 或 A4 之类的尺寸（格式）、“竖写”还是“横写”之类的设计样式、在这之中怎样表现店的总体形象等内容。

决定了菜单的方向性后，要重新考虑商品的类别（分类)。重新考虑类别，就是考虑有没有追加或删除的商品类别、应该把哪一类放在最显眼的位置作为“主打类别”。

追加和削减商品、重新考虑商品价格

接下来，要考虑各个类别中应该填写什么样的商品，进行追加和削减。有不少餐饮店应顾客的要求会不断增加商品，对店主来说，削减商品是困难的。

重新考虑价格时最重要的不仅仅是确定能确保获得恰当利润的价格，将菜单上的价格表整理得简单易懂，使顾客在结账时容易结算也是非常重要的。这样，顾客们才能够安心地追加点单。

决定菜单“分页”，制作“策划书”

决定了各个类别填写的商品价格后，要把“主打类别”放在最醒目的开头双联页上，再决定将不同的类别分配到哪一页。这就是“分页”。分页的时候，重点依然是要符合店的总体形象。在按顺序翻看菜单的时候，让顾客脑海中一个一个地浮现“首先点炸鸡和白酒”“最后点鸡肉菜粥”是很重要的。

接下来，制作详细的“策划书”，要一边考虑商品数量和刊登空间，一边策划各类别的细节。此时也要考虑怎样才能有效表达出店的总体形象。策划的工作不要交给设计师，要由店主自己负责，这一点非常重要。请店主自己制作完策划图后，再和设计师讨论如何表现出来。完成菜单后，就要尽快开始使用新的菜单。在新菜单完成后的一个月内，要检验结果是否与预期相同，并再次进行改进。

第 2 章

实地学习旺店的菜单

以位于埼玉县的拥有广泛顾客层、具有郊外风格的日料店为例

在说明菜单的详细制作方法之前，基于我们更新过菜单的许多旺店的事例，我们先来介绍一下优秀菜单要注意哪些要点。只通过这一章，就能让贵店得到帮助并有所启发。

通过更新菜单营业额达到去年的 140%

“北八”是一家位于埼玉县熊谷市商业区一角的郊外风格的日料店。为了应对广泛的顾客层，也为了满足顾客不同的需求，这家店设置了 120 个座位，是家大店。

更新前的课题

· 套餐系列太丰富，来就餐的顾客就会过度增加，这样，店就变成了一个“套餐店”。

·商品数量过多，有 400 种以上，成本率过高，也打乱了店的操作流程。

·菜单本过厚，包含 2 本大菜单和 4 页活页菜单。

更新的要点

·把 2 本大菜单和寿司、炸串等活页菜单整合成 1 本。

·在确保营业额和毛利的基础上，大幅削减商品数量。

·将打乱操作流程的寿司单品全部删除，只用拼盘的形式。

·菜品的种类要能满足顾客的不同需求，而不是像一个“套餐店”。

更新的成果

·营业额达到了去年的 140%，顾客数量达了到去年的 134%，成本率降低了 6%。

以前的菜单中“套餐”太丰富，突显不出“单品料理”

Before

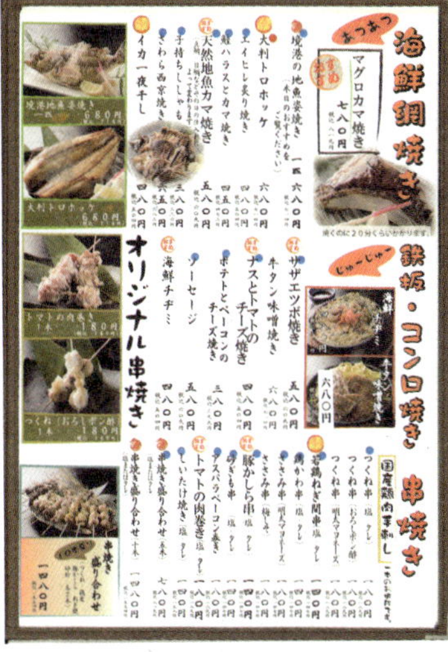

大菜单

大菜单中的一页。总之，因为商品数量众多，店内操作混乱。

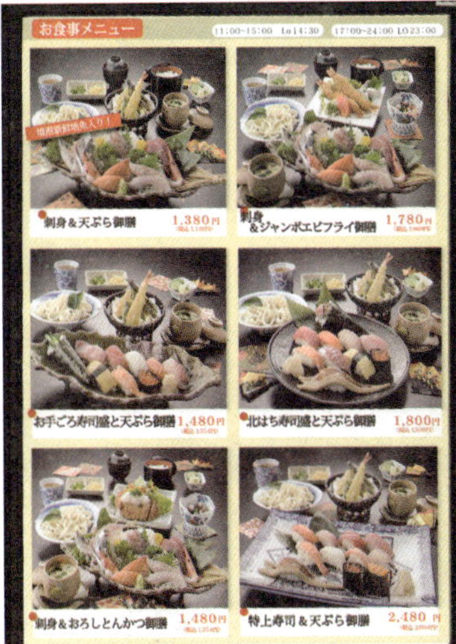

食事用メニューブック

套餐太丰富，另外还有专门的菜单。让人觉得这是一家只能吃“套餐”的店。

菜单经过整理后，呈现出广泛的点单方式，通俗易懂

After

封面

【封面告知总体形象】
在店名的上角添加“本店可承办宴会”等简洁地传达店总体形象的“副店名”，并用照片具体表现出来

封底

【封底的活用】
为了让顾客多买商品，在封底处宣传了甜品。还告知顾客有“打包带走”的服务

【分专区】
通过改变背景色，分专区放置“打包带走”商品，使其清晰可见。照片采用“打包带走”专用的照片

在“第一个双联页”上首先介绍店里的“主打”类别

After

【商品名的变化】
因为是“刺身”类别的“主打”商品，所以要放大商品名，突显与其他商品的不同

【照片的变化】
因为是招牌商品，所以照片要比其他商品放大3倍以上，以区别于其他商品

【“推荐”图标的活用】
将传达店的总体形象的推荐商品涂上红色图标，更具吸引力

增加拼盘的种类以提高客单价

After

【增加“拼盘”的种类】

为了进一步提高两页菜单上的点单率，制作了不同类别的拼盘，扩大了阵容

第5页

第4页

【选择容易分辨的照片】

“炸串”表面包裹了面粉，不容易分辨。应该用原食材的照片等来传达它的丰富性

饮食菜单以“招待”“普通就餐”这两种顾客的需求为目标

After

【根据需要制订两个价格线*】
考虑到顾客的需求包括“请客吃饭”和“普通的外出就餐”等，在“套餐”类别中制订两个价格线，这样就能扩大顾客群

【用看得见食材的照片勾起食欲】
为了让顾客能看清楚“小锅什锦饭”中使用的食材，使用了俯拍的的照片

第11页

第10页

【用“吃法说明”减轻操作流程】
用图片的形式传达“小锅什锦饭”的吃法，可以让顾客最大程度地享受店内美食，同时减少了顾客的疑问，减轻了店员的作业

* 价格线：price line。在其价格区间内设定的价格。如在一个 5000~9000 的价格区间内设定 5500、6800、8000 等 3 种价格线。

2 以位于北海道的约有40个座位、招牌商品为“全鸡”的套餐店为例

“炭火烧食堂·味咲”是位于北海道带广市郊外的一家套餐店，顾客群体以跑业务的职员和周边的居民为主。约有40个座位。

更新前的课题

·店名是“炭火烧食堂·味咲”，从店名上很难看出“热卖商品”是什么。

·想让顾客多点饮品以提高人均消费。

·想通过“打包带走”招牌商品“干炸全鸡”等方式增加营业额。

更新的要点

·把店名变成让人容易知道招牌商品的“全鸡、烤肉味咲食堂”。

· 制作能向顾客清晰地传达店的总体形象的菜单。

· 为了增加酒水的点单，在第一个双联页上刊登“一品料理”，再在一个整页上刊登饮品菜单。

· 在封底上宣传打包带走招牌商品“干炸全鸡”。

更新的成果

除打包带走的商品外，店内的营业额达到了去年的 136%。提倡打包带走后，再和食品超市等合作开始销售“熟食”。包括店外营业额在内，达到了更新前的 2 倍。可惜的是酒类的营业额以失败告终。

从封面上看不出什么是“热卖商品”

Before

封面

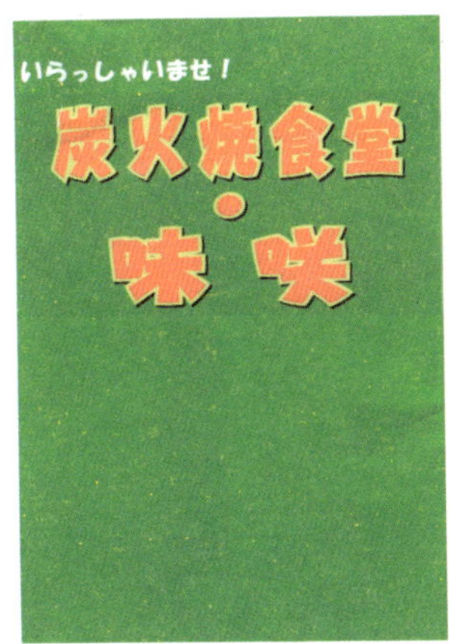

封面上只有店名没有照片，不知道“炭火烧”里到底包括什么商品

第3页

这是家以鸡肉料理起家的店，鸡肉、牛肉等铁板烧都是人气商品，但是不打开菜单就不知道这些料理的信息

在封面上刊登商品照片以传达店的总体形象

After

封面

【在封面上宣传店的总体形象】
通过解释为什么“全鸡”是招牌商品和店的历史，传达了店的总体形象。店的历史是其他店无法效仿的

【大幅刊登招牌商品的照片】
为了表现店的总体形象和成长历史，以区别其他店，要大幅刊登热卖商品“干炸全鸡”的照片，以给顾客深刻的印象

封底

【在封底告知“打包带走”商品】
用一页不用打开菜单就能看见的封底告知“打包带走”商品。今后，为了能在附近的超市等销售“全鸡”熟食，要想办法扩大“打包带走”商品的营业额

用第一个双联页抓住顾客的心

【每个招牌商品都单独分类】
因为“干炸全鸡”是最主要的招牌商品，所以使用整个页面，和其他商品明确区分开，来告知顾客这家店的热卖商品是什么

【在“第一个双联页”上提出点单方法】
在翻开封面的“第一个双联页”上刊登下酒菜，来增加酒水的点单。实际上，这家店潜在的酒水需求不高，所以最终没有起到作用，但是在“第一个双联页”上刊登一品料理和酒水，倒是会有不少顾客“小酌”一下

【所有页面都刊登副食菜品】
因为沙拉和饮品的种类很少，为了增加追加点单，在所有页面上都要刊登副食菜品

在醒目的地方刊登副食菜品来增加点单

【明确同一类别内的主打商品和普通商品】
要用不同尺寸的照片，即使在同一类别内的商品，也要显示出主打商品和普通商品的区别

【增加套餐的点单率】
在顾客目光容易停留的地方刊登附带照片的套餐和配菜信息，点单率就会增加。实际上会有9成顾客点该类商品

3 以位于大阪府民营铁路沿线的豚骨拉面店为例

“桂花亭”是大阪府门真市民营铁路车站附近的一家拉面店，顾客群体以附近公司的职员和周边的居民为主。约有 15 个座位。

更新前的课题

· “豚骨拉面”虽然生意兴隆，但成本率很高。

· 想解决这一课题，进一步提高营业额和利润。

更新的要点

· 在更新菜单的同时，改良商品、修改价格、降低成本率。

· 因为不能增加座位，所以通过提高套餐的点单率、增加人均消费来提高营业额。

· 为了扩大顾客层，引进“蔬菜多多的汤面”，开发年轻男性、情侣等顾客喜欢顺道来吃的商品类型。

更新的成果

营业额达到了去年的114%。套餐的点单率提高了2.5%，人均消费提高了75日元。虽然提高了商品价格，但是顾客数量却达到了更新前的108.4%。

虽然豚骨拉面卖得好，但还想进一步提高营业额和利润

Before

正面

豚骨
ラーメン 580円
チャーシューメン 750円
塩
ラーメン 680円
チャーシューメン 850円
味噌
みそラーメン 750円
飯物
ライス 180円
※ラーメン大盛は＋150円です。

単品
から揚げ 500円
から揚げ(小) 250円
えび天 500円
えび天(小) 250円
餃子 250円
揚げ餃子 280円
焼豚盛合せ 450円
キムチ 200円
ピリ辛キューリ 250円
営業時間
昼 11:00-14:00 ※禁煙でお願いします。

虽然豚骨拉面人气很旺，但是因为价格便宜、成本率高，要考虑进一步提高利润

反面

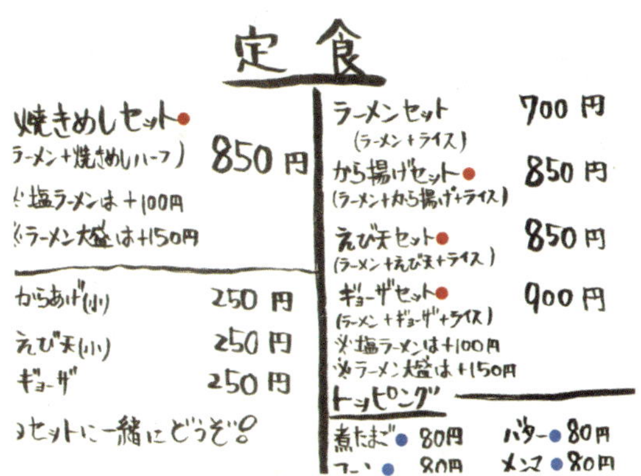

定食
焼きめしセット
(ラーメン＋焼きめしハーフ) 850円
※塩ラーメンは＋100円
※ラーメン大盛は＋150円
からあげ(小) 250円
えび天(小) 250円
ギョーザ 250円
※セットに一緒にどうぞ！
ラーメンセット 700円
(ラーメン＋ライス)
から揚げセット 850円
(ラーメン＋から揚げ＋ライス)
えび天セット 850円
(ラーメン＋えび天＋ライス)
ギョーザセット 900円
(ラーメン＋ギョーザ＋ライス)
※塩ラーメンは＋100円
※ラーメン大盛は＋150円
トッピング
煮たまご 80円
バター 80円
80円
メンマ 80円

在反面刊登套餐和配菜，关注度不高，要想办法进一步提高点单率和人均消费

在“封面”和“第一页”上彻底宣传店的特色

After

3折菜单的封面

【在第一页刊登附加价值信息】

这一页是3折菜单中，在右图“封面”之后看到的页面。每个商品的“特色”是什么，店家逐个进行了讲解

【在封面上刊登店的总体形象和招牌商品】

在封面上大幅使用招牌商品“豚骨拉面”的照片产生感染力。同时以获得女性顾客为目标宣传“蔬菜多多汤面”

强调套餐特色，来提高套餐的点单率

After

【把想卖出去的商品放在“主打商品”位置】
把拉面套餐列入“主打商品”类别，并占用很大空间。把拉面套餐作为单品制作成菜单表，让顾客认为点套餐是理所应当的事

【提高配菜的点单率】
把能提高人均消费的“配菜”放在引人注目的地方来提高点单率。为了让单独点拉面的人多点配菜，特刊登于此。使用照片比仅使用文字更能提高点单率

3折菜单的内页

【让顾客觉得3折菜单也品种齐全】
3折菜单打开后会变得很大，所以即使商品的种类很少，也能让顾客产生商品丰富、种类齐全的印象

4 以位于东京市内拥有充足食材的西班牙料理餐吧为例

位于东京蒲田的“LOBOS 蒲田店”，是一家距离JR（Japan Railways，日本铁路公司）蒲田车站步行 2 分钟的地下 1 层的西班牙料理餐吧。周边的居民、下班回家的职员经常会顺路来这里，有 54 个座位。

更新前的课题

· 菜单不容易看懂。

· 想告诉顾客轻松随意的“餐吧业”也是认真做菜的店。

· 想变成一家能让顾客吃到 500 日元左右的料理、更容易光顾消费的店。

更新的要点

· 为了向顾客传达“本店是认真做菜的西班牙餐吧”这

一总体形象，把副店名从“西餐店 & 啤酒店”变为“肉菜饭① & 葡萄酒”。

· 在翻开封面后的“第一个双联页”上写上“480 日元均一价的塔帕斯②”，明确提出店的方向是让顾客能够轻松享受各种料理。

· 设计让不知道西班牙料理的人也能轻易看懂的菜单。

更新的成果

尽管周边增加了餐吧业的竞争店，但营业额还是保持在去年营业额的 105% 以上，顾客的人均消费从 3500 日元增加到了 4000 日元，顾客的满意度也提高了。480 日元均一价的塔帕斯、伊比利亚猪肉料理、肉菜饭的点单量也都如期增加了。

① 肉菜饭：paella，一种西班牙的什锦饭，将大米、鸡肉、鱼肉和蔬菜用平底锅烹制而成。

② 塔帕斯：tapas，是西班牙饮食中的国粹，是一种小菜，常是一碟菜配一块面包，带点酸、奶油乳酪味。

在封面上用照片传达这是家“西班牙料理店”

Before　　封面

以前菜单的封面。考虑到顾客的点单顺序，还配备了蒜虾等料理，但是却没有明确告知顾客哪个是热卖料理

封面

【在封面上宣传店的总体形象】

把传达店的总体形象的“副店名”变成“肉菜饭&葡萄酒”后，顾客就容易理解了

【热卖商品照片】

在菜单的封面上大幅使用了招牌商品“肉菜饭”的照片

热卖商品不够醒目

Before

第2页

第3页

第4页

“塔帕斯”、“肉菜饭”和伊比利亚猪肉料理可以说是西班牙餐吧的主打类别，但是被隐没在其他类别中，难以看出是招牌商品

明确定位出主打类别

After
第6页
cerdo Ibérico
イベリコ豚
世界の豚の中でも最上の旨みを持つイベリコ豚!
オススメ
イベリコ豚のグリル 旬野菜のグリル添え ¥1,380
女性人気NO.1
イベリコ豚タンの8時間煮込み ¥880
イベリコ豚のアイスヴァイン カリカリローストポテト添え ¥880
【准备招牌商品的类别】
伊比利亚猪肉和肉菜饭是主打商品，所以分别设计了独立的类别，还大幅使用了该类商品的照片，设置了传达商品价值的专区
第9页
LoBoS名物
Paella
パエリア
オーダー毎に調理しますので約40分ほどお時間をいただきます
レギュラー 2~3人前
Lサイズ 4~5人前
【提醒说明要有正能量】
肉菜饭需要花一定时间才能上菜，所以要有提醒说明，但要加上“接受点餐以后才开始烹饪”以突显商品价值
LoBoSこだわりのパエリア
オススメ
ごちそう“玄米”パエリア
TAKE OUT
レギュラー ¥2,000 Lサイズ ¥3,000
【取能让顾客看懂特征的商品名】
单凭商品名，就能知道是什么味道的肉菜饭
漁師風・魚介の“玄米”パエリア
レギュラー ¥1,800
Lサイズ ¥2,800
4種チーズとチョリソーの“玄米”パエリア
レギュラー ¥1,800
Lサイズ ¥2,800
シーフードとイカスミの“玄米”パエリア
レギュラー ¥1,800
Lサイズ ¥2,800
【与“打包带走”相关】
即使不是“打包带走”的页面，也要用图标等告诉顾客可以打包带走

在第一个双联页上全面宣传“塔帕斯”

After

【均一价让商品更显眼】
标注“塔帕斯”都卖480日元来进行强调。给顾客以在本店能轻松享用料理的印象

【将点单集中在招牌商品上】
大力突显“塔帕斯”这个主打商品，以进行“点单控制”

【所有菜品都配有照片】
即使是不清楚西班牙料理的人也能安心地选择喜欢的商品

【改变背景色来突显特别感】
内页中最醒目的地方是翻开封面的“第一个双联页”，把它的背景色变成黄色，以区别于其他页面

5 以位于大阪府具有郊外风格、用午餐提高营业额的乌冬面店为例

“面匠 YASHIMA”是位于大阪府守口市的一家郊外风格的沿街乌冬面店。顾客群体以附近的居民和公司职员，以及开车跑业务的职员为主。有 43 个座位。

更新前的课题

· 想进一步提高营业额。

· 为此，想研发出招牌商品。

· 虽然在 1 张菜单的正反面都写上了商品，但反面没人点单。

更新的要点

· 更新大菜单，把“酱汁拌鸡肉天妇罗乌冬面”“鸭釜乌冬面”这两种面作为新的招牌商品。

· 只在一张 B4 纸的正面刊登午餐菜品。要以由大菜单中

的那两个招牌商品构成的套餐为主，同时推出当日推荐午餐。

· 午餐要比之前的套餐更便宜，商品整体呈现出便宜感。

更新的成果

营业额达到了去年的 127%。虽然午餐变成了比之前更便宜的商品，中午顾客的人均消费也还和之前一样，是 900 日元，但晚上顾客的人均消费增加了 250 日元。

午餐菜品给人的印象不深

Before

虽然有午餐用的套餐系列，但是推荐商品不醒目，培养不出招牌商品

反面

顾客基本上不看反面，推荐的商品会被埋没

1页菜单中只在正面刊登菜单表，以明确传达推荐商品

After

【让“主打商品”引人注目，使顾客集中点单】
午餐中也要注明“主打商品”是哪个，以便于点单。通过集中点单，可以提高操作效率

【将1页菜单表制作成B4大小，只在正面刊登商品】
顾客看1页菜单表反面的概率往往较低，所以最好制作成只有正面的菜单

正面

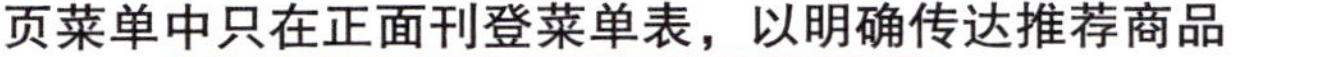

【善于利用分区来吸引顾客的视线】
据说人们的视线基本上是从左上至右下的“Z字形”移动，善于使用分隔线和背景色进行分区，也可以让顾客集中在“配菜”等料理上进行点单

以直营酒庄产白酒的居酒屋使用的容易点单的饮品菜单为例

接下来介绍大菜单之外的个别菜单的优秀事例。

“中俣酒造　茂助”是位于东京八丁堀商业街的一家直营酒庄产白酒的居酒屋，总体想法是通过与白酒搭配的料理享受居酒屋引以为自豪的白酒，生意很是兴隆。顾客群体以附近的公司职员和居民为主，约有 40 个座位。

该店更新饮品菜单的目的是让顾客更多地品尝他们引以为自豪的白酒。饮品菜单的 6 页中有 5 页是白酒。因为只出售自产的白酒，所以比其他店便宜。该店通过大量销售物美价廉的白酒获利，还提供比其他店成本率更高的料理。这是该店的优势，也是绝对区别于其他店的关键。新的饮品菜单加上店员的推荐，饮品中白酒的点单率现在占整体点单的 50% 左右。饮品菜单是这家店实现经营模式的法宝。

顾客不用听品牌解说就会点单

制作饮品菜单时，我们要注意的要点有两个：

一、它是本店风格的饮品菜单吗？不仅在设计上，在商品结构上也要看出独特性来。我们看过很多店的饮品菜单后，经常觉得“把这家居酒屋的饮品菜单拿到隔壁店，也不会有谁觉得不对劲”。我们要在考虑“本店的饮品菜单应该是怎样的？”“符合店的总体形象的商品构成是怎样的？”后再制作菜单。

二、顾客能否自己一个人选单？大部分顾客不是职业品酒师，并不能仅通过酒的品牌去想象它的味道。而且也有顾客不好意思问店员，因此要让饮品菜单上有顾客可以自己一个人选单的判断基准。比如，加入简单的商品说明等。还有人是通过商标来选单的，所以还要印上商标的照片等。另外，在介绍白酒和日本酒时，要像 50 页右下角那样加入矩阵，作为判断味道的大致标准；在介绍葡萄酒之类的酒水时，要用标尺表示它的浓淡度。

第一次喝白酒的人也能很容易选单，会增加点单

以促使顾客带孩子来消费的儿童菜单为例

最后来介绍位于长崎县长与街的一家和食家庭餐厅“幸先屋　长与店”使用的“儿童菜单”。该店的主要顾客是附近的居民，约有 100 个座位。

“儿童午餐”的营业额和毛利都是 A 等级

这个店“儿童菜单”的优势首先在于商品的影响力。刚投入使用后经营十分困难，但通过厨房方面的努力得到了改进，现在成为小孩子非常喜欢的“儿童商品”。其中的“儿童午餐”作为单品，首次在食品菜单的“ABC 交叉分析法”（具体参照 95 页）中的营业额等级和毛利等级上都处于 A 等级，很受欢迎。

这个店在制作“儿童菜单”时有几个要点。周末有很多带着儿童的顾客，所以要与大菜单分开，增加单独的“儿童菜单”。理由有两个：一是儿童会因为能够和大人一样使用自己专用的菜单点单而感到非常高兴；二是不用让没有带着儿童的顾客阅读多余的信息。店员只在带着儿童的顾客桌上放上“儿童菜单”就可以了。

为了使儿童能够一个人看懂菜单并点单，菜单设计上，要做到仅凭照片就能够判断商品的内容，不要使用生僻字。并且，为了让儿童能够用手拿住菜单，菜单要设计成 A5（148mm×210mm）的小尺寸。

另外，“儿童商品”的成本稍高也不必在意。因为如果儿童满意，这些商品会吸引顾客，成为儿童和父母、祖父母一起再次到店里来的契机。

打造“儿童菜单”中营业额和毛利都是A等级的商品

【只用1页菜单表明“主打商品”】
通过解决操作流程的问题，开发儿童喜欢的商品，能让该商品的单品成为AA等级的商品，起到招揽顾客的效果

【儿童菜单要用小型纸张】
该店使用A5尺寸的纸张。为了小孩子能够自己拿起菜单点单，使用轻便小巧的菜单为宜

【不要使用生僻字】
为了让儿童能一个人点单，不要使用生僻字

【通过照片就能选单】
为了让儿童用手指就能点单，要使用大幅照片

第3章

决定店的总体形象

“店的总体形象”是制作菜单的一切判断基准

在制作或更新菜单的时候，为什么要重视确认店的总体形象呢？因为一家店的生意兴隆与否，约 6 成取决于店的总体形象。

成为旺店有 3 点非常重要：“店的总体形象是否明确易懂？”“所在区域是否需要这个总体形象？”“店的总体形象的核心会不会动摇？”

第 3 点，总体形象的核心动摇的店，就像是与时尚格格不入的人一样。穿着西装却戴着草帽，再配上运动鞋，充满了不谐调感，“人均消费高、装修豪华，却和站着喝酒的店一样只有 1 页菜单，顾客进店时，店员精神饱满地齐声喊道‘欢迎光临’来接待顾客……”这会让顾客搞不清楚这是家什么样的店，完全没有头绪。实际上有很多这种情况的店。

也就是说，要好好构思店的总体形象，然后根据这个总体形象制订人均消费、店内装修、待客方法及菜单的制作方法等全部事项。这是成为旺店的根本。

我们在商讨提高营业额的时候，会根据总体形象这样考虑："'女性也能轻松光顾的葡萄酒居酒屋'是本店的总体形象，所以菜单要用受女性喜爱的明亮颜色，要让顾客感到有活力，菜单上的葡萄酒要搭配与之相称的小菜，从每份 300 日元开始进行分类布局……。"

根据店的总体形象决定全部

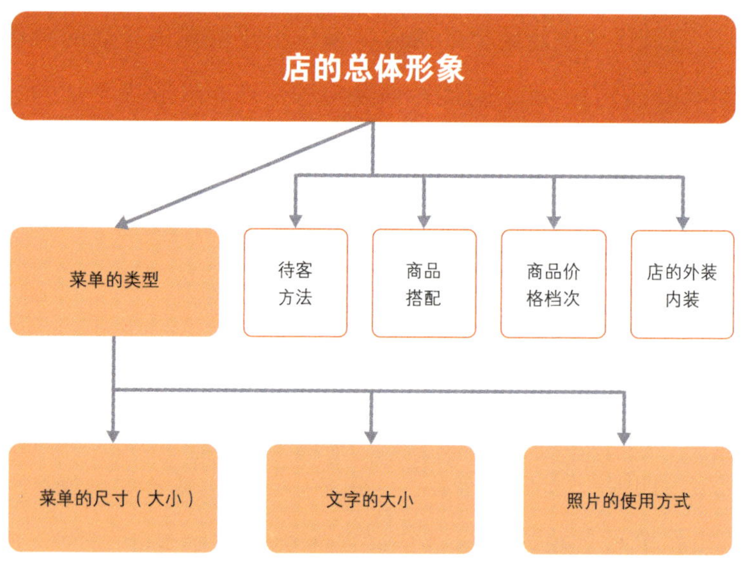

2 决定店的总体形象的 4 个要素

那么，店的总体形象是什么呢？我们这样定义：它就像下页的图一样，是简洁表达“①向谁②对于他的使用动机③提供什么④如何提供？”这 4 个要素的“店的思维方式”。

要从以下观点来考虑这 4 个要素：“能否用一句话明确地传达出来？”“这是这一带需要的吗？”“4 个要素各自关联的部分多吗？核心会不会动摇？”

当然，大多数情况下这 4 个要素会因店的不同而有很多种组合。这种情况下，要按照营业额从多至少的顺序选择决定店总体形象的基准。

明确了这 4 个要素后，还要考虑能否用一句话完美地表述出这 4 个要素的内容，比如“这是一家以 40～50 岁的工薪阶层为主的，享用渔港直送鲜鱼和日本各地当地酒的店”“这是一家公司职员下班回家路上享用土鸡料理和白酒的，最后以鸡肉咸汤拉面收尾的店”等。这就是在明确“店的总体形象”。

4 个要素关联最深的部分即为“店的总体形象”

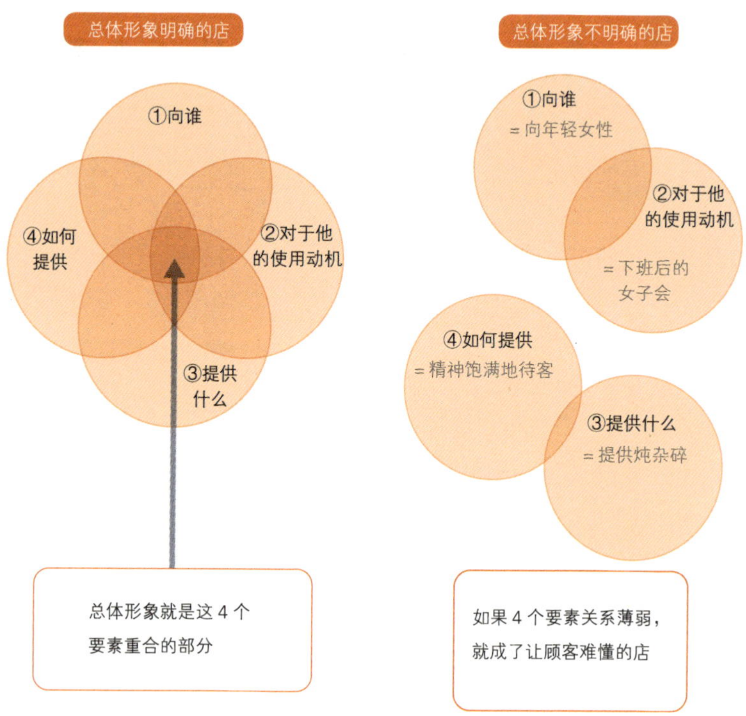

从 4 个要素的组合中思考总体形象

营业额顺序	第1位	第2位	第3位
①向谁	工薪阶层	当地的情侣、团体	附近的居民
②对于他的使用动机	下班后和同事一起吃的晚饭兼酒会	朋友或情侣的酒会、约会	晚饭的菜肴或特产
③提供什么	土鸡料理和白酒，以鸡肉咸汤拉面收尾	土鸡料理和白酒，以鸡肉咸汤拉面收尾	土鸡烤串和炸鸡
④如何提供	堂食	堂食	外卖

总体形象是“这是一家公司职员在下班回家路上享用土鸡料理和白酒的，最后以鸡肉咸汤拉面收尾的店”

①~④的要素之间越有关联，总体形象就越明确

为了使总体形象清晰，我再来详细介绍一下这 4 个要素。

①“向谁”这个要素要更加具体地考虑顾客的年龄、性别、职业等属性。居住的区域也是属性之一。如果要把店经营成顾客专门坐着电车来消费的类型，而不是以附近步行来店的顾客为目标，那么就有必要把店打造成与其他店有明显区别的特色店。是以住在店附近的人为对象，还是以在附近公司上班的人为对象，这也会让店的经营方式发生变化。

②“利用动机”指的是顾客以什么样的目的来这家店。顾客来餐饮店的理由有很多，比如“附近的公司职员来喝酒而不是吃晚饭”“家庭妇女来举办打发闲暇时光的女子会①”“情侣来约会”……如果把①定位成“附近的公司职员”，而把②设定成“打发闲暇时光的女子会”，那么①和②的关系就会变得薄弱。如果定位成一家“附近的公司职员”“喝酒而不是吃晚饭”的店，那么①和②的要素之间的关系就会很深，这就变成一家很有总体形象的店。

③“提供什么”指的是提供什么样的料理。如果是一家“公司职员”“喝酒而不是吃晚饭”的店，提供的却是“西班

---

① 女子会：只有女性参加的酒会或午餐会，是家庭妇女打发闲暇时光的聚会。

牙风格的小碟料理"（塔帕斯），就不合适了。同样，如果是一家"情侣""享受约会"的店，提供的却是"螃蟹料理"，也不合适。

④是提供的方法。要考虑提供的方法是否符合①~③的要素，比如"要精神饱满地接待顾客、上菜""服务员要安静地一个一个地上菜""要在顾客座席旁边做最后烹调后再上菜"等。

要像这样好好考虑①~④的要素之间的关系，开一家①~④密切相关的店。

"都市"和"地方"的思维有所不同

自己的店是在"都市"还是在"地方"，这也会使总体形象上有不同的思维。美食杂志上介绍过"手工酿造专卖店""土耳其宫廷料理专卖店"等很多特色鲜明、富丽堂皇的店。

这些店都开在"都市"里，很多顾客也会远道而来。但在人口稀少的"地方"，即使开了家这样别具一格的店，也不会有很多顾客光顾。我们要充分意识到：为了打败竞争对手，在"都市"要实现"有特色"，而在"地方"要把握"使用动机和顾客层"。

3 重新确认左右总体形象的自家店的定位

我们在制作菜单时，不要急于着手。为了制作有效的菜单，像刚才提到的一样，要先确认店的总体形象，重新审视目前的菜单。为什么呢？因为要制作有效的菜单，就必须做到让它符合店的总体形象。

为了确认店的总体形象，我们要征询店主和店员的意见，整理店的信息。我们必须征询的项目如下页表格所示，请参考。虽然你和店员以为知道了一切，但经常存在原本不是竞争对手的店不知不觉成为竞争对手、店主预测的人均消费和实际的金额有很大差距、成本率要比想象的高等情况。另外，店主和店员之间对总体形象的认识也经常出现偏差，所以请再次审视这些信息。

重新确认自家店的定位要点

项目	内容
店名	烤鸡肉串　繁盛会
业种业态	烤鸡肉串居酒屋
地理特点	在车站附近，但是一条小巷，人流量小
附近的状况	靠近商业街、繁华街
竞争对手	大型连锁居酒屋。人均消费3000日元。招牌商品是“丸子”
人均消费（昼）	800日元
人均消费（夜）	3300日元
店面积（坪）*	15坪
座位	30位
月最高收益（时间）	350万日元（开业3个月后）
月平均收益（和去年对比）	300万日元（96%）
成本率	28%
人工费率	32%
房租	11%
主要的顾客层	下班回家的公司职员。以30~40岁的人为主
招牌商品–名品料理	店里手工制作的丸子和烤鸡肉串
用一句话表述这是家什么样的店	顾客可以在下班后吃晚饭的同时小酌的普通烤鸡肉串居酒屋

* 坪：1坪约为3.3平方米

4 从 7 个角度重新审视现有菜单

在确认店的现状的同时，很有必要和店员一起重新审视一下现在正在使用的菜单。这个时候，如果试着从如下的 7 个角度来重新审视一下现在的菜单，那么与之对应的课题就会浮现出来。

①现在菜单的优点和想改进的点是什么?

比如把平时使用菜单的店员的想法写下来，“优点是把土鸡的美味很好地传达给了顾客”“菜单总体说明性的文字字号较小，年纪大的顾客点菜时似乎比较困难”等。优点要保留，需要修改的地方要认真对待。

②看过菜单的顾客经常提出的问题是什么？

从顾客那里反复听到相同的问题是菜单让人难以理解。在更新菜单的时候，必须针对提出的问题，加入说明以进行改进。顾客的问题减少了，店员因为解答问题而停下脚步的时间就会变少，操作流程也能得到改善。

③请为顾客列出几个受欢迎的商品

要确认哪些是受欢迎的商品，在新的菜单上，它们所占的版面要更大，以此提高营业额。另外，还会出现每个店员所认为的人气商品各不相同的情况。为了让店员能够推荐符合店的总体形象的商品，人气商品到底是哪些，全体店员要达成共识。

④请列出有自信、想多卖的商品

实际上，经常出现店家自己认为的招牌商品和很受顾客欢迎的商品不一致的情况。

如果③和④不一致，最好探明其中的原因并修改菜单。事实上在很多家店的菜单上，店家想多卖的商品并不像店家期待的那样畅销。

⑤在繁忙的时候如果被点单就会打乱操作流程的商品是什么?

在畅销商品中，有一类商品的烹饪很花工夫，如果有顾客在高峰期点单，厨房就会变得忙乱，向顾客提供料理和饮品时也会变慢。在重新制作菜单时，这样的商品就应该被删除。

⑥对新菜单有什么要求?

这和①很相似，要把在现场使用菜单的店员平时所想到的东西写下来，比如“在点烤鸡肉串时，如果顾客一串一串地点单，就会很花时间。有什么办法没有?”等。

⑦更新菜单的目的是什么?

制作新菜单时，菜单不仅仅和店主，还和店员、制作菜单的印刷公司、设计者等很多人有关系。为什么要更新菜单?所有人都要知道其中的目的。这样就不会动摇核心，而制作出好的菜单来。

5 哪种商品可以获得营业额、确保利润呢？

在确定店的总体形象方面，有必要确认哪种商品对营业额有贡献、哪种商品对利润有贡献，以及店的盈利方针。为此，我们采用的分析方法是“ABC 交叉分析法”。

所谓“ABC 交叉分析法”，是对菜单上的商品进行“营业额 ABC 分析”与“毛利 ABC 分析”后，再合并在一起的方法。

而 ABC 分析一般是指按照营业额的顺序重新排列菜单上的单品并进行分组，将销售情况很好的组别称为“A 等级”，中等的称为“B 等级”，较差的称为“C 等级”，然后讨论、研究菜单的改进或废除等。

但是，如果只通过营业额的 ABC 分析进行判断，并不能掌握商品在经营方面出现的“虽然对营业额很有贡献，却几乎不盈利”等问题，所以有可能做出错误判断。因此，加上基于毛利排名的 ABC 分析的“ABC 交叉分析法”，能够更加容易把握整个菜单的真实情况。

在进行“ABC 交叉分析法”时，由于它始终决定更新菜单上商品的材料，所以想修改大菜单时，要以大菜单的商品为对象进行分析。请将活页菜单的商品、宴席、饭前简单酒菜等排除在外。

ABC交叉分析法

营业额小 → 营业额大

毛利大 ↑ 毛利小

	营业额C等级	营业额B等级	营业额A等级
毛利A等级			名品！超级拼盘 宇和岛鲷鱼饭 宇和岛刺身拼盘 刺身三拼 咔滋咔滋杂鱼沙拉 墨鱼干 ……
毛利B等级		鱼骨汤 银鱼萝卜 鲷鱼刺身 金枪鱼纳豆 超级特制！拍松牛肉 超级海鲜沙拉 ……	
毛利C等级	鸡皮拌醋 盐渍水产食品 油炸土豆 鲹鱼刺身 墨鱼纳豆 橘子汁冰激凌 ……		

根据ABC交叉分析法，分别以“营业额”和“毛利”为基础对菜单上的所有商品进行划分，形成9宫格

6 起一个一句话就能彰显店的特征的“副店名”

店的总体形象一旦固定下来，就要思考如何用一句简短的话向顾客传达这个总体形象。这就是给店名起个“副店名”。

比如一家叫“繁盛会”的店，如果有一个“渔港直送鲜鱼和当地酒的店　繁盛会”的副店名，就会让顾客更加明白这是家什么样的店了。

比起店名，顾客更看重副店名，并依此来判断要不要进店消费。所以，使用副店名清晰易懂地传达出店的总体形象，直接关系到营业额的提升，非常重要。

在更新菜单时，明确总体形象，并用副店名的形式概括，不仅要印在菜单上，还要写在招牌、挂布、传单上，全方位地引起顾客的注意。

起副店名的方法

〈例 1〉

以前这家店叫“正宗和牛专卖店”，给顾客一种很高端的感觉。而且，店名中的木槿花（是韩国的国花），不好读。

Before

本格和牛専門店
木槿花

改进后，首先是能让人看得懂。在副店名中使用热卖商品“五花肉”和“石锅拌饭”。用片假名书写店名，并在前面加上“烤肉”，使其成为让人容易知道店的情况并前来消费的店。

After

激**うまカルビと**
石焼**ビビンバ**
焼肉**ムグンファ**

〈例 2〉

以前的副店名是“炭火烧食堂”，实际上却没有向顾客充分传达出“这家的招牌商品是牛排，且分量足”这一事实。

Before

炭火焼食堂
味咲

改进后，副店名中清楚地写明了招牌商品是“全鸡、牛排”。而且，店名的“味咲”改成了容易读的平假名，并在后面加上“食堂”一词，给人的印象是这家店平价、能让人吃饱。

After

丸鶏・**ステーキ**
みさき食堂

7 根据总体形象决定菜单的风格

明确店的总体形象后，接下来要决定与之相应的菜单的方向性。这个时候我们要意识到以下 3 点：

①如何根据店的总体形象，制订符合其风格的菜单？

②如何通过菜单传达出店的总体形象和特色等有价值的信息，以及和其他店的不同之处？

③符合店的主要目标顾客的菜单是什么样的？

要在思考这些要点的基础上，决定“竖着写还是横着写”“多大号的文字”“要多用照片还是尽量不用”“用 B4 纸还是 A4 纸”“设计风格是有气势些还是新奇些”等方向性。

我再强调一次，如果不按照店的总体形象制作菜单，效果会大打折扣。在我们指导的菜单中常常会发现“把这家居酒屋的饮品菜单拿到隔壁店，也不会有谁觉得不对劲”的菜单，完全没有表现出自家店的特色。

经常听到餐饮店的店主这样说：“如果多用照片，设计得太花哨，就会变成连锁店似的菜单，很讨人嫌。”但这并不是因为用了照片和好看的设计才看起来像连锁店的风格，而是因为没有表现出店的总体形象，没有表现出自家店的特色，所以才会有这种感觉。

从构成总体形象的4要素出发引导出店的风格

① 向谁	50多岁的公司职员
② 对于他的使用动机	下班回家路上和同事来喝酒
③ 提供什么	吃爱媛县宇和岛直送的刺身拼盘和一品料理，用地方菜“鲷鱼米饭”收尾
④ 如何提供	在店内慢慢享用

总体形象

是一家50多岁的公司职员在下班回家路上，享用宇和岛直送的刺身拼盘和宇和岛的地方菜等一品料理，以“宇和岛的鲷鱼米饭”收尾的居酒屋

菜单的风格是什么?

① A4大小，竖着写，文字尽量放大，方便看

② 设计纯朴、有个人经营的店的感觉，不要使用太多颜色

③ 多用照片，但不要裁剪，使用四方形的照片彰显纯朴

④ 要完美地呈现出店的总体形象是“宇和岛”的鱼和料理

菜单封面使用“宇和岛渔港直送　应季鱼和鲷鱼米饭　野生”字样

形成符合店的总体形象的风格

第4章

通过分类扩大销路

1 宣传店的“热卖商品”，通过通俗易懂的分类增加点单量

菜单中的类别是将关系密切的商品整理在一起的分类。按照惯例，每一页的上方都是“前菜”“烤制食品”“油炸食品”等。实际上，如果菜单上的分类整理得好，会有以下两个效果：

第一，“顾客容易挑选商品”。顾客在选择商品的时候，最初会挑选最想选的商品“类别”。因此，必须在视觉上用迅速吸引人目光的形式表示类别。另外，还有必要让类别通俗易懂、一目了然。

第二，“向顾客传达店的信息”。例如，通过类别的排列顺序，传达“可以这样享用我们店的服务”的总体形象。

进一步说，通过“快速料理”“名品料理”等类别名称，可以向顾客传达料理的特色。

另外，让主打商品类别和普通商品类别有轻有重，也能有效传达出店的总体形象。像这样在类别表达上下功夫，可以实现“点单控制”。

用类别的数量让顾客感受到品种的丰富性

顾客并不只是通过商品的数量来判断“这家店的品种好丰富啊”。实际上是通过类别的分类来主观判断品种的广泛性的。

例如，一家店的饮品菜单上有100种日本酒、1种啤酒、1种软饮料①。商品数量合计有102种。对于大部分餐饮店来说，有102种饮品就算是相当丰富了。

但是，顾客却感觉不到这家店的品种有多丰富。对于不喜欢日本酒的人来说，反倒会认为这是一家没有什么饮品可点的店。顾客只有看到“啤酒”“酸味饮料”“日本酒”“白酒掺苏打水”“白酒”“掺苏打水加冰的威士忌”等各种各样的类别后才能感到“饮品的品种真丰富”。

食物菜单也是如此。因此，如果把所有的料理都归纳为“一品料理”，可能会让顾客觉得这是一家品种少、没有魅力的店。在重新制作菜单的时候，如果把“一品料理”分解成“烤制食品”“油炸食品”“煮制食品”等多个类别，顾客点单就会变得容易，也会增加店的魅力。

---

① 软饮料：soft drink。指不含酒精的饮料，如汽水、果汁等。

通过增加类别来提高人均消费

增加类别的另一个优点是容易增加顾客的人均消费。因为顾客会有按照类别各点一道菜的倾向。

顾客往往是最初点“沙拉”或“前菜”，然后点“油炸食品”“荤菜”……最后点“甜品”。如果把这些全都放到“一品料理”这个类别里，顾客点单的数量就很可能减少。

店家通过类别向顾客提议如何使用菜单。不进行分类，就不能回应顾客的隐形需求，不仅会减少他们的点单量，还很难提高他们的满意度。

2 商品类别中有 3 种分类方法

菜单中使用的商品类别有 3 大分类方法。第一是“热卖商品的类别”，第二是“顾客角度的类别”，第三是“一般类别”。

“热卖商品的类别”是最想卖出去的招牌商品

第一是“热卖商品的类别”。是以店里最想卖出去的“热卖商品”本身为类别进行区分的。例如，当“丸子”是烤鸡肉串居酒屋的名品时，在“烤串”这个大类别中加入“丸子”这个菜品是不显眼的。因此，要把“丸子”专门作为一个大类别与“烤串”并列放置。同样，当“干炸食品”是店的名品时，要把它从“油炸食品”这个类别中独立出来，制作成“名品　干炸食品”的类别，这样就能告诉顾客这是名品，从而增加点单。

捕捉顾客需求进行分类

第二是“顾客角度的类别”。就是事先捕捉顾客需求进行分类，目标是增加点单。

我们发现以独特的四方形锅煮肉和菜的“大杂锅”为名品的店有必要进行这样的分类。在这个店里，大部分顾客都点了“大杂锅”，只有几桌的顾客问“有酱菜吗?”。因为“大杂锅”味道浓烈，顾客想要吃点清淡的酱菜。但是，酱菜写在了“一品料理”类别中，顾客没有注意到。

于是，我们增加了酱菜的品种，并追加了“清淡特色的酱菜”这样一个新类别。“酱菜拼盘”580 日元一份，于是顾客开始不断地点单。不仅提高了人均消费，也回应了顾客“想吃清淡”的需求，提高了顾客的满意度。

在商业街的拉面店和意大利面店，如果经常被出去谈业务前来吃饭的公司职员问“没有不放大蒜的吗?”，就可以制作一个“无大蒜菜品”的类别，如果经常被问“能马上做好的料理是什么?”，那么制作一个“快速料理”的类别也是有效的。受到顾客多次提问的内容启发而进行分类，会很容易增加点单。

一般方法的分类也是必要的

第三是“一般类别”。是通过吃饭顺序和烹饪方法进行分类的极其普通的类别。例如“前菜”“沙拉”“小吃”“一品料理”“煮制食品”“烤制食品”“油炸食品”“饭和面类”“餐后甜品”等。

只通过“热卖商品的类别”和“顾客角度的类别”，顾客很难找到目标商品。

有个烤肉店的店主把所有商品都以“顾客角度的类别”进行分类后重新制作了菜单，并跟我说：“顾客的反响不好。”这也是理所当然的。只有“厚片”“盐烤”“汁烤”“特选和肉”“清淡”等类别，顾客很难找到自己想吃的肉。因为顾客虽然也有想吃“厚片”的时候，但一般而言，分成“五花肉”“里脊肉”“牛舌”等类别，顾客更容易对肉进行选择。

首先按照一般类别对商品进行分类，然后从中把“热卖商品的类别”和“顾客角度的类别”独立出来，按照这个顺序权衡三种类别进行划分是很重要的。

要突显最热卖的“丸子”

一家烤鸡肉串居酒屋的菜单。主打热卖商品“生丸子”

没有一般类别，反而会让顾客难以理解

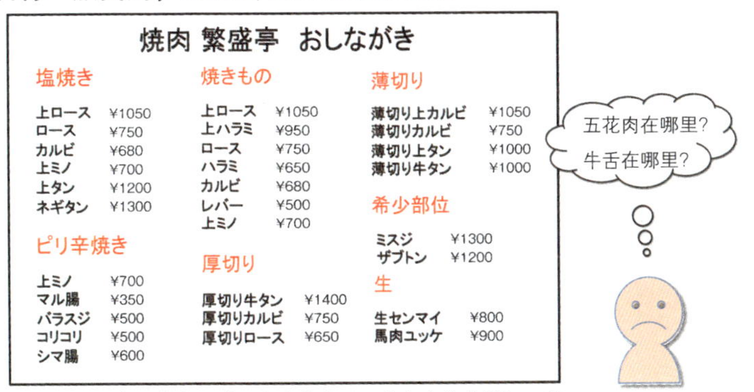

焼肉 繁盛亭　おしながき

塩焼き

上ロース	¥1050
ロース	¥750
カルビ	¥680
上ミノ	¥700
上タン	¥1200
ネギタン	¥1300

ピリ辛焼き

上ミノ	¥700
マル腸	¥350
バラスジ	¥500
コリコリ	¥500
シマ腸	¥600

焼きもの

上ロース	¥1050
上ハラミ	¥950
ロース	¥750
ハラミ	¥650
カルビ	¥680
レバー	¥500
上ミノ	¥700

厚切り

厚切り牛タン	¥1400
厚切りカルビ	¥750
厚切りロース	¥650

薄切り

薄切り上カルビ	¥1050
薄切りカルビ	¥750
薄切り上タン	¥1000
薄切り牛タン	¥1000

希少部位

ミスジ	¥1300
ザブトン	¥1200

生

生センマイ	¥800
馬肉ユッケ	¥900

为了回应顾客的潜在需求，仅制作出“顾客角度的类别”，菜单反而会让顾客难以选择。要先按照肉的种类进行一般分类，然后以此为基础增加2~3个“顾客角度的类别”

3 分清主次来表现店的总体形象

分出几个类别后再明确菜单中的主打类别和普通类别，就能很容易地向看到菜单的顾客传达出店的总体形象。

因为这种主次分明的做法，容易向顾客传达出店的名品料理和主打商品分别是哪些。店家根据菜单的版面设计很容易实现“点单控制”，引导顾客点单。你对店里菜单的所有类别是不是都同等对待了呢？

明确菜单上类别的主次，有以下 3 种方法：

首先是“主打类别”的面积要大。例如，有家串烧居酒屋认为招牌商品“串烧”是“热卖商品的类别”，就在一页纸上只使用了“烤牛肝”和“烤金枪鱼”两个商品的照片（88 页上端左图）。这样一来，第一次来的顾客也能看到“热卖商品”是什么。

其次是通过改变背景色和设计在视觉上被认知为“主打类别”的方法。例如，如果是白色背景的菜单，然后突然出现金色背景的纸张，顾客会有种“应该是什么特别商品”的感觉。

最后是“主打类别”的商品数量要多。例如，如果是家烤鸡肉串的店，“烤鸡肉串”这个类别应该是“热卖商品”。此时，如果烤鸡肉串的品种和其他类别相同，有 5～10 种，顾客就不会觉得这是一家卖烤鸡肉串的店。如果“烤鸡肉串”的数量是其他类别的 3 倍以上，就会清楚地传达出该商品是这家店的“主打商品”了（89 页的图）。

“炭火串烧”为“主打类别”

这家串烧居酒屋在第1页上只用两个商品大肆介绍了招牌料理“串烧”，在第2页上刊登了对“串烧”的考究。一共使用4页来介绍串烧

改变背景色来突显类别

该和食家庭餐馆只把刊登有“盛宴膳食”类别的双联页的背景变成金色，以突显特别感

用品种的丰富性来突显主打类别

在设计上形成差异以强调“串烧”的特别感

之前的菜单

一般菜单页

该串烧居酒屋在封面之后的双联页上刊登“串烧”和“炸串”的品种以强调这就是“主打类别”。还用黑色突显它与其他页的差异。左下图是以前使用的菜单，主次不是很分明

第 5 章

选择要刊登的商品

1 明确提出什么是“热卖商品”

在旺店的菜单上，“热卖商品”（招牌商品）是一目了然的。顾客想吃饭的时候，最先想到的不是店名，而是想到“去 ABC 餐厅吃 1 磅牛排（热卖商品）”等“热卖商品”和店名。因此，我们在更新菜单和改进收益的时候，首先要明确“热卖商品”是什么，然后再去钻研该商品。

那么，如何制作招牌商品呢？招牌商品是“以尽人皆知的东西为基础，加上能打动顾客五感的想法”。

例如，东京都中心区，在我指导过的某家店，选择用重达 1 磅（约 454 克）的牛排作为招牌商品。并且，把 1 磅汉堡和 1 磅牛排组合在一起形成“2 磅组合”，作为名品料理进行出售。把尽人皆知的牛排和汉堡变成了超大号的尺寸，这就加深了它是招牌商品的印象。在居酒屋，把“醋腌青花鱼”放在顾客面前，并用喷灯烘烤，用肉皮被烤得噼里啪啦的声音来加深印象，这种把“烘烤醋腌青花鱼”作为名品的方法也是为打动顾客。

以前，有一家中国餐馆的店主，把刚更新的菜单拿给我看，他高兴地说："新的招牌商品是我们中国的地方菜。在日本只有我们一家能吃到。"但是，几个月后，他打电话困惑地对我说："并没有像预期的那样增加点单，为什么呢？"

这是因为日本人在饮食上很保守，大多数人不会点自己不知道的料理。虽然经常有顾客会询问店员："有什么推荐的吗？"，但是反过来说，这是一种"不想点单失败"的心理表现。因此，如果店里使用的菜单分不清主打商品和普通商品，不容易明白哪些是推荐商品，那么所谓的"常规商品"的点单就会变多。

所以，制作"热卖商品""招牌商品"的时候，最好以尽人皆知的商品为基础，然后想办法打动顾客的五感，比如把它变大、变小、变厚、变薄、在色香味上下功夫、增加食材的量、上菜时发出滋滋的声音等。

打动五感的想法之所以有效，是因为人们认为的"好吃"不仅仅体现在味觉上，还在很大程度上受外观、香味、口感等从五感获得的内容和过去经验的影响。

2 通过 ABC 交叉分析法重新研究刊登的商品

在第 3 章 68 页介绍的“ABC 交叉分析法”的本来用途是用“营业额”和“毛利”2 条轴线重新排列商品，认清卖不出去的商品、不赚钱的商品都有哪些，判断菜单上刊登的商品要不要重新研究和处理。

这里再详细介绍一下 ABC 交叉分析法的顺序。

前面已经讲过，ABC 交叉分析法是菜单上刊登商品的“营业额 ABC 分析”和“毛利 ABC 分析”的组合。

“营业额 ABC 分析”的步骤如下：首先，按照菜单上单品的营业额（=单品价格×分析对象期间内的点单量）的多少重新排序。在排序中，把所有商品的营业额中占前 70% 的单点商品分为 A 等级，把占 70%～90% 的单点商品分为 B 等级，剩下的 10% 分为 C 等级。

对于卖得好的“A 等级”、卖得一般的“B 等级”、卖得稍不好的“C 等级”商品，要研讨菜单上的对策，如“使 A

等级更加引人注目”“废除 C 等级” 等。

调整所有商品的成本以便追求毛利

在“毛利 ABC 分析”中，根据商品单品的毛利（=单品的毛利×分析对象期间内的点单量），分成“A 等级”“B 等级”“C 等级”三类对商品进行研讨。

在“毛利 ABC 分析”中，为了进行这样的计算，有必要调查所有商品的单品成本（单品的毛利=单品价格−单品成本）。特别是个人经营的店，很多情况下没有固定的菜谱，难以统计商品的成本，不过我们一定要抓住更新菜单的好机会，计算出商品的成本。

另外，即使掌握了单品成本的店，由于最近的食材价格高涨，也会存在实际的成本和想象的成本有较大出入的情况。调查结果往往令人吃惊，“原本认为会赚钱的，却没有获利”，或者“这是一本万利的买卖”。明白了这种实际情况，菜单方面的对策就容易解决了。

我们用了 3 个月到 1 年的时间进行分析，虽然每个店各不相同，但最起码都收集了 3 个月以上的数据。出于重视精密度的考虑，我们更想要 1 年的数据，但是如果中途改变了菜单，就不能进行正确的分析了，所以最好分析从开始使用最新菜单到目前为止的数据。另外，当分析期间包括年末时，由于这一期间顾客会集中订宴席，所以 12 月份以后不在分析范围内。

根据等级次序进行商品分类

根据“营业额 ABC 分析”和“毛利 ABC 分析”，如 101 页的图表所示，把商品分在横轴是营业额的 A～C 等级、纵轴是毛利的 A～C 等级的 9 宫格内。首先把营业额和毛利都是 A 等级的商品组（AA）写在右上角的格内，然后根据同样的方法做相同的作业，直到营业额和毛利都是 C 等级的商品组（CC）为止。

完成这样的分析后，在实际的菜单上贴上贴纸，分为肉眼可见的商品等级。在营业额和毛利都是上等的 AA 商品上贴上红色贴纸，在两者都是下等的 CC 商品上贴上蓝色贴纸，以便在决定菜单布局时作为参考。

另外，ABC 交叉分析法，不仅以大菜单为对象，还要根据需要对①饮品菜单、②午饭菜单、③大菜单中的类别、④饮品菜单中的类别进行分析。特别是依照类别分析饮品，是很好的判断材料。

ABC交叉分析法的顺序（以“营业额ABC分析”为例）

1）收集对象期间内的商品数据，求营业额和营业额百分比
实施期间：2014年8月1日~2014年11月30日

营业额百分比（%）=商品营业额/总营业额

营业额=价格（单价）×期间内的点单量

序号	类别名	菜名	价格（单价）	期间内点单量	营业额	营业额百分比
1	品尝宇和岛料理	拍松鲹鱼肉	380	160	60,800	2.7%
2	品尝宇和岛料理	一级棒的炸鲹鱼	480	170	81,600	3.6%
3	品尝宇和岛料理	宇和岛名产杂鱼天妇罗	480	160	76,800	3.4%
4	品尝宇和岛料理	银鱼萝卜	380	85	32,300	1.4%
5	品尝宇和岛料理	鲱鱼天妇罗	480	180	86,400	3.9%
6	品尝宇和岛料理	墨鱼干	680	150	102,000	4.6%
7	品尝宇和岛料理	宇和岛的鲷鱼饭	680	220	149,600	6.7%
8	一级棒的刺身	鲹鱼刺身	480	30	14,400	0.6%
9	一级棒的刺身	鲷鱼刺身	580	55	31,900	1.4%
10	一级棒的刺身	比目鱼刺身	580	50	29,000	1.3%
11	一级棒的刺身	刺身三拼	980	130	127,400	5.7%
12	一级棒的刺身	宇和岛刺身拼盘	1480	100	148,000	6.6%
13	一级棒的刺身	名品　超级拼盘	1980	110	217,800	9.7%
14	超级沙拉	咔滋咔滋杂鱼沙拉	580	180	104,400	4.7%
15	超级沙拉	熏制火腿西红柿沙拉	580	50	29,000	1.3%
16	超级沙拉	超级海鲜沙拉	680	45	30,600	1.4%
17	一品料理	墨鱼纳豆	480	30	14,400	0.6%
18	一品料理	金枪鱼纳豆	580	55	31,900	1.4%
19	一品料理	自家儿炖杂碎	680	80	54,400	2.4%
20	一品料理	玉子烧	480	80	38,400	1.7%
21	一品料理	日式酱汁烤鸡	680	70	47,600	2.1%
22	一品料理	软南蛮渍	480	50	24,000	1.1%
23	一品料理	鲑鱼奶汁烤菜	780	30	23,400	1.0%
24	一品料理	海鲜比萨饼	780	30	23,400	1.0%
25	清淡&蔬菜料理	凉拌西红柿	380	30	11,400	0.5%
26	清淡&蔬菜料理	家常菜　凉豆腐	380	30	11,400	0.5%
27	清淡&蔬菜料理	咸菜拼盘	380	70	26,600	1.2%
28	清淡&蔬菜料理	鸡皮拌醋	380	60	22,800	1.0%
29	清淡&蔬菜料理	超级特制拍松牛肉	880	35	30,800	1.4%
30	清淡&蔬菜料理	土豆蘸酱	480	80	38,400	1.7%
31	清淡&蔬菜料理	卷心菜腊肉铝箔烧	580	40	23,200	1.0%
32	清淡&蔬菜料理	章鱼芥末	380	30	11,400	0.5%
53	饭后一品	赞岐乌冬	580	60	34,800	1.6%
54	饭后甜品	冰激凌	250	30	7,500	0.3%
55	饭后甜品	橘子汁冰激凌	350	40	14,000	0.6%
				总营业额	2,236,500	

※数据是为了解释而假设的内容

收集对象期间的商品数据后，首先计算“营业额”和“营业额百分比”

使用“毛利ABC分析”时，表中的“价格（单价）”为“单品毛利”，计算的是“毛利额”和“毛利百分比”

2）根据营业额的高低顺序排序，并添加上营业额的等级

决定营业额等级。累计百分比0~70%为A等级，70~90%为B等级，90~100%为C等级

计算累计的营业额百分比

序号	类别名	菜名	价格（单价）	期间内点单量	营业额	营业额百分比	累计百分比	营业额等级
13	一级棒的刺身	名品！超级拼盘	1980	110	217,800	9.7%	9.7%	A
7	品尝宇和岛料理	宇和岛的鲷鱼饭	680	220	149,600	6.7%	16.4%	A
12	一级棒的刺身	宇和岛刺身拼盘	1480	100	148,000	6.6%	23.0%	A
11	一级棒的刺身	刺身三拼	980	130	127,400	5.7%	28.7%	A
14	超级沙拉	咔滋咔滋杂鱼沙拉	580	180	104,400	4.7%	33.4%	A
6	品尝宇和岛料理	墨鱼干	680	150	102,000	4.6%	38.0%	A
5	品尝宇和岛料理	鲱鱼天妇罗	480	180	86,400	3.9%	41.8%	A
2	品尝宇和岛料理	一级棒的炸鲹鱼	480	170	81,600	3.6%	45.5%	A
3	品尝宇和岛料理	宇和岛名产杂鱼天妇罗	480	160	76,800	3.4%	48.9%	A
1	品尝宇和岛料理	拍松鲹鱼肉	380	160	60,800	2.7%	51.6%	A
19	一品料理	自家儿炖杂碎	680	80	54,400	2.4%	54.1%	A
21	一品料理	日式酱汁烤鸡	680	70	47,600	2.1%	56.2%	A
40	热油炸食品	鲷鱼天妇罗	580	80	46,400	2.1%	58.3%	A
49	串烧	串烧五拼	650	70	45,500	2.0%	60.3%	A
42	热油炸食品	油炸豆腐S	580	70	40,600	1.8%	62.1%	A
20	一品料理	玉子烧	480	80	38,400	1.7%	63.8%	A
30	清淡＆蔬菜料理	土豆蘸酱	480	80	38,400	1.7%	65.6%	A
53	饭后一品	赞岐乌冬	580	60	34,800	1.6%	67.1%	A
41	热油炸食品	传统串肉排	380	90	34,200	1.5%	68.6%	A
52	饭后一品	鱼骨汤	180	180	32,400	1.4%	70.1%	B
4	品尝宇和岛料理	银鱼萝卜	380	85	32,300	1.4%	71.5%	B
9	一级棒的刺身	鲷鱼刺身	580	55	31,900	1.4%	73.0%	B
18	一品料理	金枪鱼纳豆	580	55	31,900	1.4%	74.4%	B
29	清淡＆蔬菜料理	超级特制拍松牛肉	880	35	30,800	1.4%	75.8%	B
16	超级沙拉	超级海鲜沙拉	680	45	30,600	1.4%	77.1%	B
10	一级棒的刺身	比目鱼刺身	580	50	29,000	1.3%	78.4%	B
15	超级沙拉	熏制火腿西红柿沙拉	580	50	29,000	1.3%	79.7%	B
38	热油炸食品	干炸软骨	480	60	28,800	1.3%	81.0%	B
39	热油炸食品	干炸嫩鸡	480	60	28,800	1.3%	82.3%	B
27	清淡＆蔬菜料理	咸菜拼盘	380	70	26,600	1.2%	83.5%	B
22	一品料理	软南蛮渍	480	50	24,000	1.1%	84.6%	B
37	热油炸食品	干炸鱿鱼须	480	50	24,000	1.1%	85.6%	B
48	串烧	手工丸子	280	40	11,200	0.5%	98.3%	C
44	串烧	烤肝	280	30	8,400	0.4%	98.7%	C
45	串烧	烤鸡腿	280	30	8,400	0.4%	99.0%	C
47	串烧	烤鸡皮	280	30	8,400	0.4%	99.4%	C
54	饭后甜品	冰激凌	250	30	7,500	0.3%	99.8%	C
50	饭后一品	饭团子	180	30	5,400	0.2%	100.0%	C
				总营业额	2,236,500			

A等级

B等级

C等级

※数据是为了解释而假设的内容

根据营业额的多少重新排列商品数据，累计百分比0~70%为A等级，70~90%为B等级，90~100%为C等级。在“毛利的ABC分析”的情况下，“营业额百分比”变成“毛利百分比”，并求累计百分比

3）用同样的思考方式设置毛利等级

和营业额等级一样，以毛利的累计百分比为基础决定“毛利等级”（此处省略毛利百分比一行）

同样，累计百分比 0~70% 为 A 等级，70~90% 为 B 等级，90~100% 为 C 等级

序号	类别名	菜名	价格（单价）	期间内点单量	营业额	营业额百分比	累计百分比	营业额等级	毛利等级
13	一级棒的刺身	名品 超级拼盘	1980	110	217,800	9.7%	9.7%	A	A
7	品尝宇和岛料理	宇和岛的鲷鱼饭	680	220	149,600	6.7%	16.4%	A	A
12	一级棒的刺身	宇和岛刺身拼盘	1480	100	148,000	6.6%	23.0%	A	A
11	一级棒的刺身	刺身三拼	980	130	127,400	5.7%	28.7%	A	A
14	超级沙拉	咔滋咔滋杂鱼沙拉	580	180	104,400	4.7%	33.4%	A	A
6	品尝宇和岛料理	墨鱼干	680	150	102,000	4.6%	38.0%	A	A
5	品尝宇和岛料理	鲱鱼天妇罗	480	180	86,400	3.9%	41.8%	A	A
2	品尝宇和岛料理	一级棒的炸鲹鱼	480	170	81,600	3.6%	45.5%	A	A
3	品尝宇和岛料理	宇和岛名产杂鱼天妇罗	480	160	76,800	3.4%	48.9%	A	A
1	品尝宇和岛料理	拍松鲹鱼肉	380	160	60,800	2.7%	51.6%	A	A
19	一品料理	自家儿炖杂碎	680	80	54,400	2.4%	54.1%	A	A
21	一品料理	日式酱汁烤鸡	680	70	47,600	2.1%	56.2%	A	A
40	热油炸食品	鲷鱼天妇罗	580	80	46,400	2.1%	58.3%	A	A
49	串烧	串烧五拼	650	70	45,500	2.0%	60.3%	A	A
42	热油炸食品	油炸豆腐	580	70	40,600	1.8%	62.1%	A	A
20	一品料理	玉子烧	480		38,400	1.7%	63.8%	A	A
30	清淡＆蔬菜料理	土豆蘸酱	480	80	38,400	1.7%	65.6%	A	A
53	饭后一品	赞岐乌冬	580	60	34,800	1.6%	67.1%	A	A
41	热油炸食品	传统串肉排	380	90	34,200	1.5%	68.6%	A	A
52	饭后一品	鱼骨汤	180	180	32,400	1.4%	70.1%	B	B
4	品尝宇和岛料理	银鱼萝卜	380	85	32,300	1.4%	71.5%	B	B
9	一级棒的刺身	鲷鱼刺身	580	55	31,900	1.4%	73.0%	B	B
18	一品料理	金枪鱼纳豆	580	55	31,900	1.4%	74.4%	B	B
29	清淡＆蔬菜料理	超级特制拍松牛肉	880	35	30,800	1.4%	75.8%	B	B
16	超级沙拉	超级海鲜沙拉	680	45	30,600	1.4%	77.1%	B	B
10	一级棒的刺身	比目鱼刺身	580	50	29,000	1.3%	78.4%	B	B
15	超级沙拉	熏制火腿西红柿沙拉	580	50	29,000	1.3%	79.7%	B	B
38	热油炸食品	干炸软骨	480	60	28,800	1.3%	81.0%	B	B
39	热油炸食品	干炸嫩鸡	480	60	28,800	1.3%	82.3%	B	B
27	清淡＆蔬菜料理	咸菜拼盘	380	70	26,600	1.2%	83.5%	B	B
22	一品料理	软南蛮渍	480	50	24,000	1.1%	84.6%	B	B
37	热油炸食品	干炸鱿鱼须	480	50	24,000	1.1%	85.6%	B	B
48	串烧	手工丸子	280	40	11,200	0.5%	98.3%	C	C
44	串烧	烤肝	280	30	8,400	0.4%	98.7%	C	C
45	串烧	烤鸡腿	280	30	8,400	0.4%	99.0%	C	C
47	串烧	烤鸡皮	280	30	8,400	0.4%	99.4%	C	C
54	饭后甜品	冰激凌	250	30	7,500	0.3%	99.8%	C	C
50	饭后一品	饭团子	180	30	5,400	0.2%	100.0%	C	C
				总营业额	2,236,500				

※数据是为了解释而假设的内容

继营业额等级之后，根据毛利的多少重新排列商品数据，毛利的累计百分比0~70%为A等级，70~90%为B等级，90~100%为C等级。图表所示为营业额和毛利各自等级的结果。

4）基于等级类别，商品在 9 宫格中的分类

营业额小 → 营业额大（纵轴：毛利小 → 毛利大）

	营业额C等级	营业额B等级	营业额A等级
毛利A等级			名品 超级拼盘 宇和岛鲷鱼饭 宇和岛刺身拼盘 刺身三拼 咔滋咔滋杂鱼沙拉 墨鱼干 ……
毛利B等级		鱼骨汤 银鱼萝卜 鲷鱼刺身 金枪鱼纳豆 超级特制！拍松牛肉 超级海鲜沙拉 ……	
毛利C等级	鸡皮拌醋 盐渍水产食品 油炸土豆 鲹鱼刺身 墨鱼纳豆 橘子汁冰激凌 ……		

基于“营业额等级”和“毛利等级”的结果，把商品分类在9宫格内。即使使用实际的数据进行分析，像这个样本一样，很多情况下也是大多数商品集中在营业额A等级、毛利A等级（AA）、BB、CC这3个格中

5）以ABC分析为基础，在以前的菜单上贴上贴纸

Before

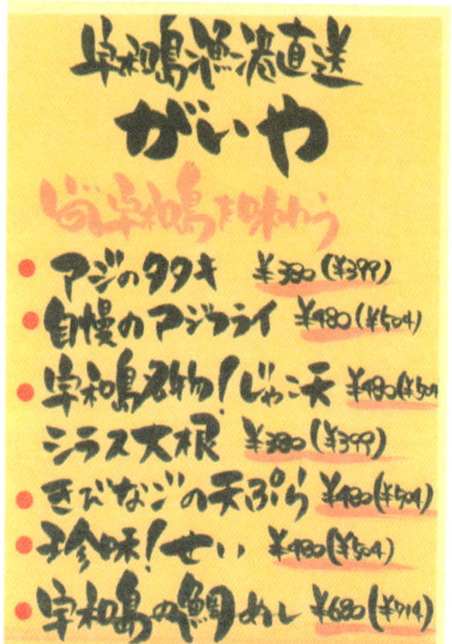

第1页

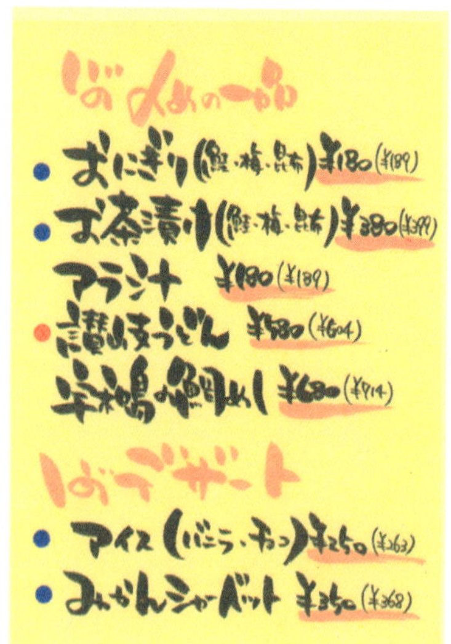

第6页

根据ABC分析法，在菜单上贴上贴纸。在根据ABC交叉分析法得到的营业额A等级、毛利A等级的商品（AA商品）上贴上红色贴纸，在营业额C等级、毛利C等级的商品（CC商品）上贴上蓝色贴纸。由此在视觉上就能明白菜品的配置与销售方式之间的关系，更容易判断出哪些商品是“热卖商品”，“主打类别”和“较弱的类别”分别在哪里等

6）以分析结果为基础制作新菜单

After

宇和島市は愛媛県の南部（南予地方）に位置する都市で、人口はおよそ8万9千人。真珠や魚の養殖が盛んな伊達10万石の城下町です。また年に数回開催されている闘牛は全国的にも有名です。
お造り
店主の地元、愛媛県宇和島の漁港から新鮮な魚を直送!だから鮮度とおいしさが違います。
がいや盛り 一九八〇円
三～五人のグループのお客様にオススメ。直送された魚介を贅沢に盛った「がいや」自慢の逸品です
宇和島盛り 一五八〇円
二～三人のグループのお客様にオススメ。宇和島から直送された魚介を刺身五点盛りで
本日の三点盛り 九八〇円
その日の仕入れから、オススメのお刺身を三点盛り合わせ
一人盛り 七八〇円
三点盛りをお一人様用に
＊日替りの刺身は、本日の仕入れ（別紙）にご用意しております。
がいや盛り

第2页

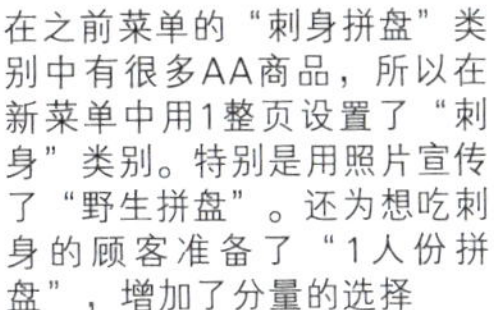

在之前菜单的“刺身拼盘”类别中有很多AA商品，所以在新菜单中用1整页设置了“刺身”类别。特别是用照片宣传了“野生拼盘”。还为想吃刺身的顾客准备了“1人份拼盘”，增加了分量的选择

在之前菜单的爱媛县宇和岛的地方菜类别中有很多AA商品，所以重新制作1页“宇和岛地方菜”的类别，聚集了与之相关的商品，以便顾客找到目标商品

第3页

根据分析结果再次确认店是否达到了目标

通过 ABC 交叉分析法得出结果后，要以此为基础重新探讨商品。

首先，比较现场店员的实际感受、征询的内容和 ABC 交叉分析法的结果，就会看到意想不到的事实，比如“我本来以为我们店的意大利面有绝对优势，但实际上汉堡比意大利面多卖出了两倍”“我本以为日本酒比白酒更好卖，但实际上差不多，而日本酒的利益其实比白酒低得多”等。如果没注意到这一事实，就会在商品的选取舍弃和对待的程度上做出错误判断。

其次，要通过由分析结果得到的数据确认顾客是否像店家希望的那样进行点单。例如，如果店的总体形象是“一家精于为下班回家路上光顾的顾客，提供土鸡料理和精选白酒，最后以鸡肉咸汤拉面收尾的店”，顾名思义，要确认作为招牌商品的土鸡料理、白酒和鸡肉咸汤拉面是否位于营业额的上端。

另外，从商品的分布上还可以推测出“饮品需求是否多”“食物需求是否多”“食物的需求是平时多还是节假日的时候多”等。可以从软饮料的销量和食物中的“下酒菜”和“一品料理”中大概推测到饮品的需求。通过这样的分析，可以确认顾客是否按照店的总体形象进行了点单。

要把对这种倾向的理解和每个商品的排名组合起来，推进商品的追加或删除、类别划分等。

有一点不要忘记，“数据毕竟是过去的数据”。所以，我们不能把这个 ABC 交叉分析法的结果直接反映在更新菜单上，而是要以这个分析结果为基础，参照店的总体形象，思考选择哪种菜单作为“ABC 交叉分析法应有的分析结果”，并进行假设，最终制作出新菜单。

3 基于 ABC 交叉分析法追加和删除的商品的要点

接下来，基于 ABC 交叉分析法的结果，解释如何追加和删除商品。有以下 4 个要点：

对“营业额 A 等级、毛利 A 等级”商品的思考

ABC 交叉分析法中的营业额 A 等级、毛利 A 等级（AA）的商品是指既好卖又赚钱的商品。关于 AA 商品，要考虑制作扩大该类商品销路，使该类商品更加畅销的菜单。

如果烤鸡肉串居酒屋的“丸子”是 AA 商品，要改变多种调料汁，以增加“丸子”的商品种类，把丸子作为“主打类别”放在前面，增加丸子的点单量，由此可以提高营业额和毛利。这是通过味道的种类扩大销路的类型。

还有一个方法是增加尺寸的种类。例如，在爱尔兰小酒店，

其 AA 商品肯定是“炸鱼薯条”。这种情况下，把它做成“双倍炸鱼薯条”或“半份炸鱼薯条”，就不会错过顾客的点单了。

增加AA商品的尺寸

“本日炸鱼薯条”是AA商品，所以增加了L尺寸和1/2尺寸（半份），以进一步增加点单量

增加AA商品的种类，以提升该类商品的“主打”感

为了增加AA商品“汤汁蛋卷”的点单，增加了“葱香汤汁蛋卷”“明太鱼汤汁蛋卷”等不同的口味，制作了“汤汁蛋卷”的专属类别

对“营业额 A 等级、毛利 C 等级”商品的思考

营业额 A 等级、毛利 C 等级（AC）的商品是指畅销但实际上不盈利的商品。这类商品没有保留的必要，要列为待删除的类别。具体而言，像回转寿司中的“鲔鱼寿司”，要确认它会不会成为以廉价吸引顾客的商品。

廉价提供“鲔鱼寿司”来吸引顾客的时候，由于成本率基本上比较高，所以单品的毛利等同于没有。但是由于点单量多，营业额达到了 A 等级。考虑到战略性目的，即使是 AC 商品，也要保留这类商品。

被分为 AC 的商品里常常有“被定错价格”的商品。有些情况是店主轻率地决定“这个商品就这个价格吧”，但是实际计算一下成本，会发现完全不赚钱。当然，还有些情况是即使店主当初认真计算了成本，但后来食材价格上涨了许多。不管怎样，要考虑这类 AC 商品是涨价还是删除的问题。如果涨价，有必要通过改变装盘或分量等来增加某些价值，以提高它的魅力，让顾客自然地认可这类商品的涨价。

对“营业额 C 等级、毛利 A 等级”商品的思考

营业额 C 等级、毛利 A 等级（CA）的商品是指不太畅

销，但是单品却很赚钱的商品。

有家和食店，主厨将要丢掉的鳗鱼骨头做成“鱼骨仙贝”，从而变成了人气商品。本来是要丢掉的部分，所以没有成本，利润当然很大。

在另一家店，从有长期鲜鱼交易往来的供应商那里，以几乎免费的价格采购了鱼的“胸鳍”（膘肥的部分），并把它通过烤或煮制作成商品，非常受欢迎。因为成本低廉，所以很是获利。

偶尔会出现像“烤胸鳍”这样的商品，但是 CA 商品几乎不会充分渗透到顾客心中。为了扩大销路，加强宣传非常重要。

对“营业额 C 等级、毛利 C 等级”商品的思考

营业额 C 等级、毛利 C 等级（CC）的商品是指不畅销也不赚钱的商品。但是，说到 CC 商品，并不是说要自动地从菜单上删除。因为 ABC 交叉分析法是个相对的标准，即使删除了 CC 商品，还会有其他商品被分类成 CC 商品。

那么，被分类成 CC 商品后，最先被删除的商品是什么呢？这在于“只有这个商品才能用的食材”。例如，当“泡菜炒饭”被分类成 CC 商品的时候，如果不采购泡菜就可以

解决问题，就可以删除它。但是，如果在“小吃”类别里有泡菜，并属于 A~B 的等级，米饭和其他商品也使用泡菜并没有发生损耗，就可以保留下来以观后效。

还有，即使是 CC 商品，有些商品还是有保留下来的必要。例如，“儿童午餐”是“通过取悦儿童让父母前来消费”的商品，有着吸引顾客的意义。虽然成本稍微有些高，但如果能让儿童开心，就会吸引顾客，整体上还是值得的。另外先不要删除今后想要发展的商品或者新商品。

删除打乱操作流程的商品

如果存在烹饪花费时间、对其他商品也会带来影响等打乱店的操作流程的 CC 商品，自然要将其列入待删除的行列。令人苦恼的是，打乱操作流程的商品是 AA 商品的情况。虽然很畅销也很赚钱，但在忙的时候，一旦有这类商品的点单就会让厨房瘫痪，让顾客等待 30 分钟……这类 AA 商品，首先要改进操作流程，充分考虑是否要保留。

在某家和食店，对各个类别经过 ABC 交叉分析后发现“寿司”这一类别是 AA 等级。但是在忙的时间段，一旦顾客点了“1 贯金枪鱼”之类的寿司单品，就需要 1 个店员专门负责捏寿司。这相当于厨房里少了 1 个店员，会影响到整个操作流程。经过广泛讨论，最终决定把寿司单品全部从“寿司”类别中下架，只提供寿司拼盘，并通过调整菜单上的刊登面积和颜色，想办法减少点单。从而在不太影响顾客满意度的情况下，在忙的时间段也能顺利运营。

但是，如果通过这种操作流程上的改进仍然行不通，即便是 AA 商品，也请考虑删除它。因为如果提供商品的时间一直在推迟，顾客对店的满意度就会下降，从长远来看，店整体的营业额也会下滑。

只要打乱操作流程，即使是AA商品也要删除

Before

在某家和食店，对各个类别经过ABC交叉分析后，发现“寿司”这一类别是AA等级。但是，如下一页所示，如果这类寿司单品点单增加，厨房就需要增加人手，向其他顾客提供商品的时间也会推迟

After

为了改进上述问题点，在新菜单的寿司类别中只刊登寿司拼盘。这样既没有降低顾客的满意度，也从菜单中成功地删除了造成操作流程混乱的单品寿司

在菜单的“寿司”类别中只刊登寿司拼盘，能够大幅改善操作流程的问题

基于ABC交叉分析法重新探讨商品的主要思维方式

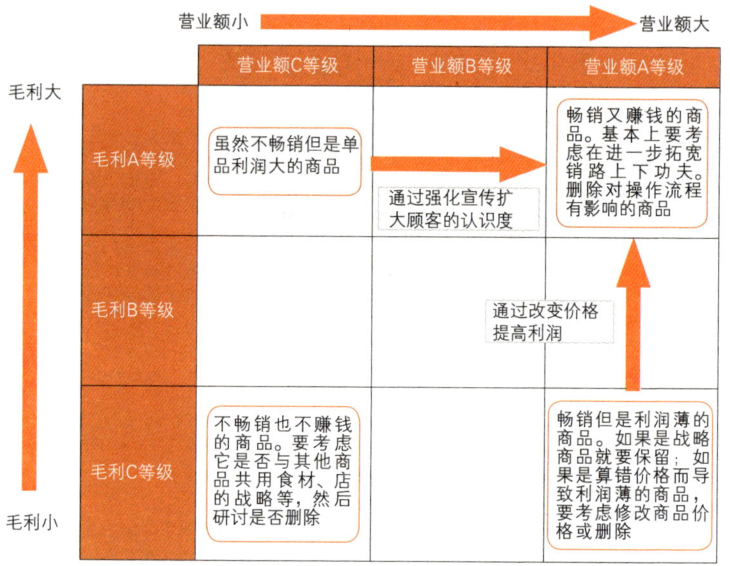

要根据营业额等级和毛利等级考虑商品的改良或删除。两个方面都是C等级的商品，要通过提高营业额或利润，使之变成AA商品

4 无法通过分析结果进行判断而又要删除商品时的要点

如前所述，最初都是通过数据来决定“删除这个商品吧”等方针的。但是，其中也有仅靠数据难以决定增加或删除商品的情况。在此介绍一下这种情况下的判断基准。

①削减偏离店的总体形象的商品

首先，保留“接近总体形象的商品”，削减“偏离总体形象的商品”。我们在有些菜单上经常发现与店的总体形象完全不符的类别、商品，比如“明明是家海鲜居酒屋，却有中华料理的类别”等。

如果说主厨出身于中华料理店还说得过去，但大多数情况是“偶尔写在了菜单上，现在还有些常客点这些料理，所以就没有从菜单上去除……”如果只是为了一部分常客考虑，写在菜单反面就可以了。

②可以是准备时间长的商品，不可以是上菜时间长的商品

第二个基准是“可以是准备时间长的商品，不可以是上菜时间长的商品”(见 117 页图)。关于准备，根据店家的想法，不管怎样事先准备都可以。但是，像装盘比较费时的沙拉的上菜需要很长时间，如果在忙的时候顾客不断点这类商品，会打乱操作流程，降低顾客对店的满意度。既不能事先做准备，通过现场的努力也很难缩短时间，最好删掉这类商品。

③通过检查共同的食材选择取舍商品

第三是“通过检查共同的食材选择取舍商品”。和在 ABC 交叉分析法中被分为 CC 商品的“泡菜炒饭”一样，要将是否有只在这个商品中使用的食材作为判断的基准。餐饮店会不知不觉地增加原材料的采购种类。应该意识到一些不怎么会增加食材数量的商品构成。

④考虑商品的平衡

第四个要点是“考虑商品的平衡”。比如，如果有很多使用肉的菜品，就要考虑“留下清淡的食物”。

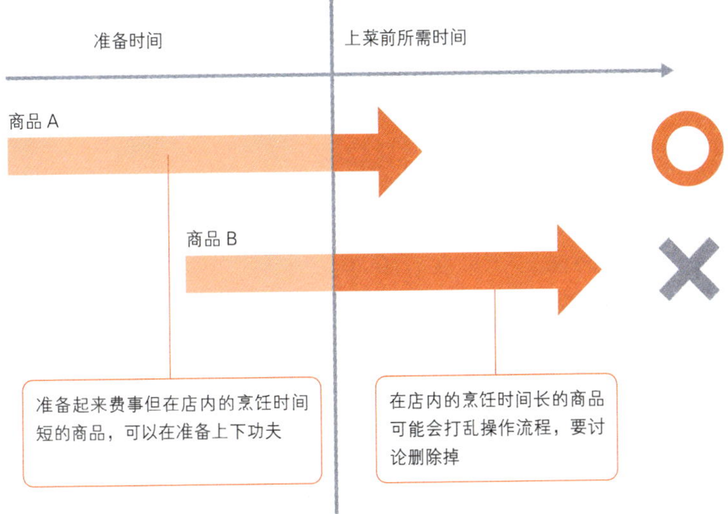

在准备阶段无论多么花费时间，如果在冷冻等方面下功夫，就不会让顾客点单后等待太久。相反，在店内的烹饪需要时间的商品对操作流程的影响比较大

⑤通过“总量控制”防止商品的过度增加

追加和删除的商品，特别是减少的商品中，有些商品令人深思，餐饮店主会在脑海中浮现出顾客喜欢吃这些商品的

表情，这让很多餐饮店的店主大伤脑筋。位于小城市和郊外的和食店，我们常常发现无论怎样考虑菜单上的商品数量还是太多。当然，食材的库存多，成本率高挣不到钱，再加上操作复杂使现场很混乱。这样的店的菜单往往有几十页，甚至有几本。

一问店主“为什么商品的数量这么多”，他们的回答基本上都是“为应对顾客的广泛需求，不知不觉地到了不可收拾的地步”。在自己难以削减菜品的时候，要考虑在商品的数量和食材的种类上制订“总量控制”。

例如，一家店决定采购的食材种类的上限是 100 种，在更新菜单的时候，如果要开发新商品，增加 3 种新食材的采购，就要根据使用的商品数这个判断基准，从现有的食材中减少 3 种。要通过采取“总量控制”，防止采购食材的数量和商品的种类无限制地增加。

5 参考网络信息等考虑刊登数为2倍的商品

如前所述，为了将畅销的商品作为“主打类别”引人注目，经常会充实商品的阵容，或者依照菜单的整体平衡来追加“新类别”。这个时候，经常会因为想不出来新商品的好点子而感到苦恼。

用商品一览表来积累点子

当然，仅靠自己的想法是有限的。这个时候，要把网络活用起来。美食家网站和食谱网站，以及其他餐饮店的主页上有启发的信息很多。通过网络检索，基本上可以得到追加所有商品和类别的启发。

在菜单上追加商品的时候，将相当于最终刊登量 1.5~2 倍的商品列成表，然后根据之前介绍的视角进行取舍。通过商品的选取，实现更有魅力、满意度更高的商品构成。

将商品做成列表的时候，我们要像下面介绍的那样制作商品一览表。

积累增加畅销商品丰富性的点子

例）汤汁蛋卷是 AA 商品的店

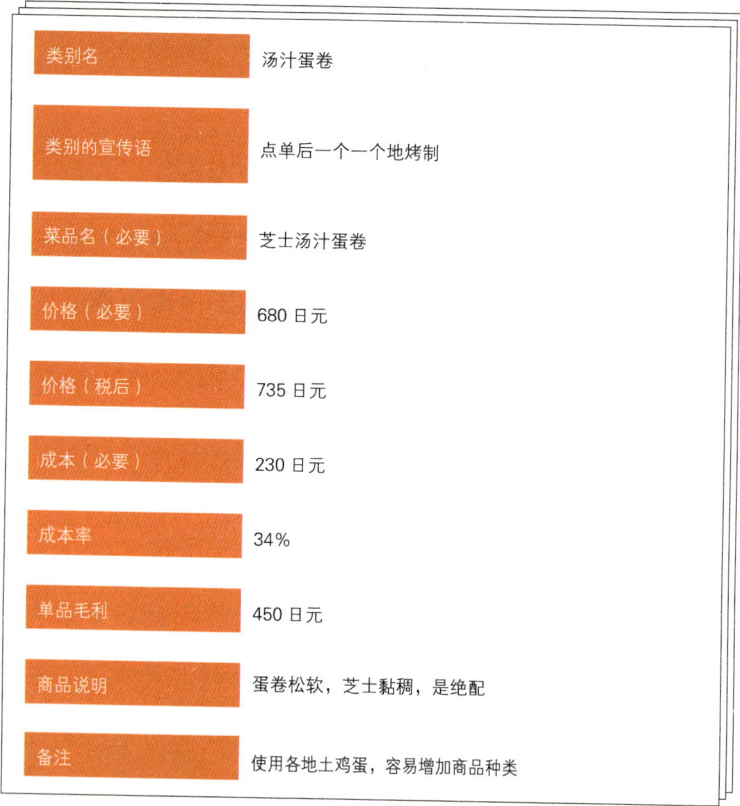

类别名	汤汁蛋卷
类别的宣传语	点单后一个一个地烤制
菜品名（必要）	芝士汤汁蛋卷
价格（必要）	680 日元
价格（税后）	735 日元
成本（必要）	230 日元
成本率	34%
单品毛利	450 日元
商品说明	蛋卷松软，芝士黏稠，是绝配
备注	使用各地土鸡蛋，容易增加商品种类

事先积累增加商品丰富性的点子，有利于制作进一步销售 AA 等级畅销商品的菜单。积累点子的时候，最好使用图表计算软件等工具，制作出如上图所示的项目一览表。积累相当于菜单刊登量 1.5~2 倍的商品点子，然后进行精减，最终能制作出质量高并富有变化的菜单

第 6 章

让顾客容易看懂的定价方法

1 通俗易懂的价格容易增加点单

菜单上的商品价格，让人容易看懂是很重要的。

不必说，商品的定价方法本身和店的营业额、利润有直接关系，即使在制订价格上也有一个意味深长的要点，那就是，如果菜单上的商品价格容易看懂，不仅不会降低顾客的满意度，还会增加顾客的人均消费。

我们对比了很多家店的菜单在改进前和改进后的变化。发现有些店虽然并没有整体提高商品的价格，但开始使用新菜单后，人均消费增加了。对这些店继续调查后发现，此后店里的营业额和顾客数量都在持续增加。

事实上，在这些店改进菜单前，没有规整商品价格，很难懂。

因为，顾客在点菜的时候想象不到“今天会花多少钱”，所以会节省点单。想着“今天的花费不要超过 3000 日元”，便会减少点单。

减少“价格线”使之容易理解

因此，在改进后的菜单上尽量减少“价格线”(参照125页)，使商品的价格区间清晰易懂，这样顾客可以大致想到自己点单的总额“今天大概有3000日元吧”。结果，顾客不用去细算便会不断地选择自己喜欢的商品。

虽然实际支付的金额往往比顾客预想的多了几百日元，但顾客会觉得“吃了这么多自己喜欢的食物，还尽情地喝了酒，真便宜”，最终满意而归。

接下来将逐个探讨菜单的价格，说明制作易懂菜单价格的要点。

制定容易看懂的价格后提高了点单

10日元以下位数的价格很凌乱

统一10日元以下位数的价格

用红色字体强调推荐商品的价格

After

东京江户川的烤肉店，把菜单上的价格变得容易看懂，比如用红色字体强调推荐商品的价格、把10日元以下位数的价格统一变成“80日元”等。改进菜单前，包括饮品在内，顾客的人均消费是2800日元，而改进菜单后，涨到了3400日元。价格标注得越清楚，顾客越不会细算结账时总共花了多少钱，而是会不断地点单。人均消费提高了600日元左右，顾客满意度也提高了

2 在同一类别下减少价格的种类

菜单上价格的种类叫作“价格线”。比如，如果在“油炸食品”类别下有380日元、430日元、450日元3种商品，那么就有“3个价格线”。

在重新调整菜单价格的时候，首先要尽可能地减少每个类别的价格线。比如，我们经常看到“烤鸡肉串”的类别下，根据肉的部位不同，有10~20日元的细微价格差。这是根据原材料的采购价不同而定的，也许对店家来说是有意义的，但会让顾客难以理解。

只有1个价格线会让顾客专注于商品的内容

正如刚才所介绍的，价格线的数量越少，顾客越不会在意价格，而只会根据商品的内容和价值来选择自己喜欢的商品。假如在“小锅什锦饭”的类别下，不论什么食材，都是 1200 日元。这种情况下，如果顾客能够接受 1200 日元这个价格，之后就会单纯甄选每种小锅什锦饭的食材，自由地点自己喜欢的菜。然而，如果“小锅什锦饭”有 980～2380 日元等价格区间，顾客根据预算来点单，小锅什锦饭的种类就会有所限制。这样的话，顾客对店家的满意度就会下降，埋下“不满的种子”。

“小锅什锦饭”都是 1200 日元，容易点单

因为每个类别的价格只有1种，所以顾客容易单纯地从料理的内容上点自己喜欢的商品

东京八王子市某家和食店的菜单。“小锅什锦饭”类别统一成了1个价格线，所以可以在菜单的某个地方用大字写上“小锅什锦饭全都1200日元”。顾客视线移动的顺序是类别名“小锅什锦饭”→价格“全都1200日元”→挑选小锅什锦饭种类。因为看一眼就懂“小锅什锦饭的价格是1200日元”，所以能够悠闲地挑选小锅什锦饭并容易点单

强调“油炸食品”和“卷制食品”都是相同的价格

强调“油炸食品”和“卷制食品”都是相同的价格

和第128页相同的和食店的菜单。“油炸食品”等同一类别内的商品全都设定成相同的价格，并用图标表示清楚

3 规定“上限价格”不让人觉得这是一家很贵的店

给顾客一种“啊，这家店很贵啊……”的印象的店，多是在菜单中高价商品的展示方式上出了问题。

假如要在“红酒”类别中列 10 种酒，其中 7 种的价格都是 2800 日元，剩下的 3 种分别是 6800 日元、8000 日元和 14000 日元。选择 2800 日元的酒不会有什么问题，但如果顾客看错行选择了 6800 日元以上的酒，那一瞬间就会产生警戒心：“噢，等一下。差点错选成贵的了。啊，还有 14000 日元的酒呢！当心，当心，要先关注一下价格再进行选择。”

上述问题的解决方法是把 6800 日元以上的酒划分到“高价商品”专区。这样能传递给顾客的信息是“这家店基本上是 1 瓶酒 2800 日元”，并让顾客明白 6800 日元以上的酒是特别商品。

正如上述事例，为了避免顾客“误解”，在指导新开业的店设置价格时，要规定一个上限价格，比如：“不管卖什么，单品价格都不要超过 680 日元！”我们把它叫作“上限价格”。因为这样做，顾客就能安心点单，也会提高满意度。

那么，如果存在比上限价格还贵的商品，该怎么办呢？

有以下 3 种方法：

· 从大菜单中去除超过上限价格的商品。

· 把超过上限价格的商品放到专区。

· 把超过上限价格的商品降价至上限价格。

接下来我们按照顺序看一下它们的详细内容：

从大菜单中去除超过上限价格的商品

第一是从大菜单中去除这类商品。被去除的商品刊登在“今日推荐”等活页菜单上。在某家炸串居酒屋的大菜单上，“炸串”以每串 130 日元为主，也有每串 280 日元的“加价炸串”。也就是说，这家店的“炸串”有两个价格线。

在更新菜单时，要把 280 日元的加价炸串从大菜单上去除，只刊登在活页菜单上。这样一来，大菜单中的炸串就变得只有一个价格线了，于是不光在菜单上，在店里也能用“炸串都是 130 日元”进行宣传了，让顾客记住“这是一家炸串 130

日元的店”，结果顾客的数量和营业额都能大幅度增加。

把超过上限价格的商品放到专区

第二是把超过上限价格的高价商品在菜单中做特别处理。具体而言，就是通过改变背景色，或者画出区分线，终止顾客视线的移动，让顾客感到从这里开始就是专区了。在专区中，如果加入有价值或特色的信息，来强调这是和别的商品不同的、特别的商品是非常有效的。总而言之，要让顾客认识这个专区的商品是特殊的，所以“难免贵一点”。开头介绍的对葡萄酒价格的思考就是这样。

去除高价商品、统一相同类别的价格

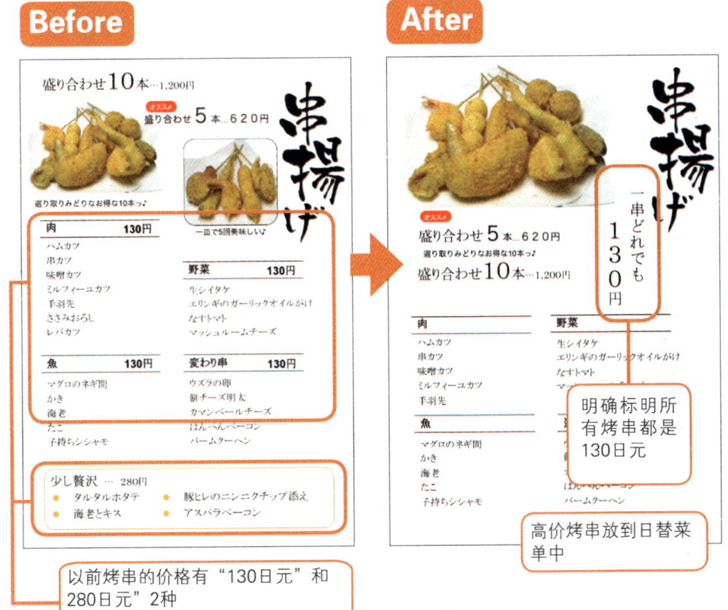

价格统一的参考范例。当大菜单的“烤串”类别中有130日元的主打烤串和280日元的“加价炸串”两个价格线时，从大菜单中去除280日元的“加价烤串”，就可以大力宣传“烤串都是130日元”了

高级葡萄酒划分在专区里

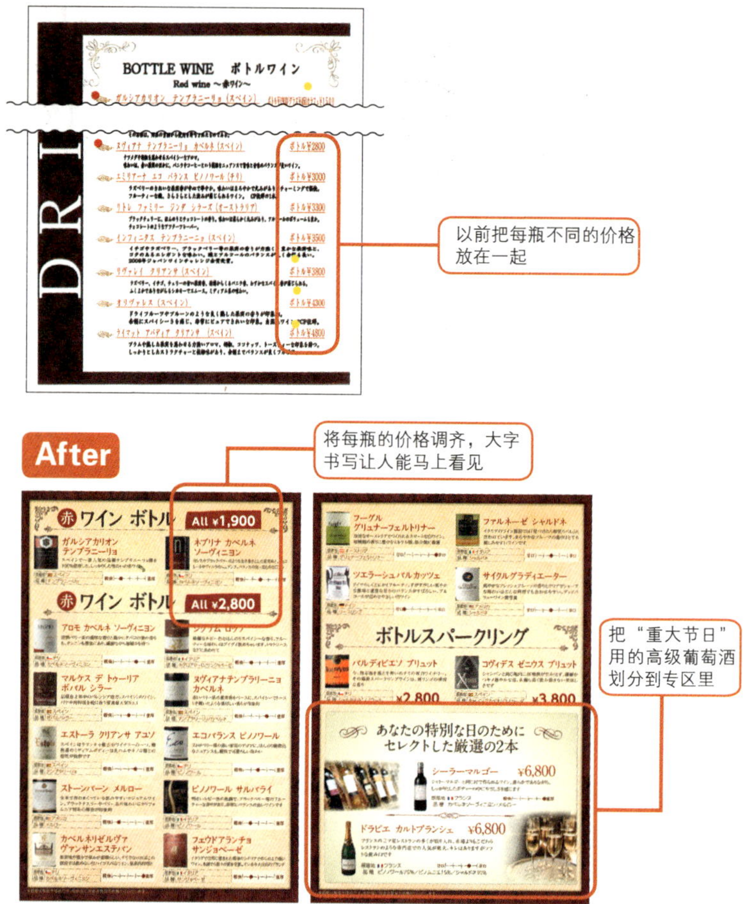

在东京蒲田西班牙料理餐吧的饮品菜单中并列介绍了2500~4800日元不等的单瓶价格，所以顾客不容易看懂价格线。新的饮品菜单中用大字书写着1瓶葡萄酒的价格线是1900日元、2800日元等，而把1瓶6800日元的葡萄酒放在了“特别节日”用的专区里，不会让顾客觉得这是一家“很贵的店”

把超过上限价格的商品降价至上限价格

第三是把高价商品降价至上限价格，使所有商品的价格不超过上限价格。在某个英式酒吧内销售过一款 1100 日元的“混搭啤酒”。但是，在更新菜单的时候，酒吧把上限价格定为 900 日元。所以决定把这款“混搭啤酒”降价到 900 日元。

结果，这款“混搭啤酒”更受到顾客的认可，成了所有人下单时都会理所当然点一杯的商品，于是这家店的营业额和顾客数量都有了大幅提高。

把名品“混搭啤酒”降价至上限价格

浦和的英式酒吧更新之后的菜单案例。在封面可以看到服务员正在精心倒“混搭啤酒”的情形。在“啤酒”那一页大幅刊登了招牌商品“混搭啤酒”，清楚地展现了黑啤和比尔森啤2种颜色不同的啤酒。价格也从1100日元变成了900日元

4 通过提高商品的下限价格来“提高毛利”

前面介绍了将高价商品降价至上限价格，使之成为让顾客都会点的招牌商品的案例。但是，即使因此提高了营业额，毛利也会减少。减少的这部分毛利必须在某处得到补偿。方法就是提高商品的下限价格。

在更新菜单的时候，要在降低高价商品价格的同时，通过提高商品的下限价格来打造毛利较高的商品，我们将这种赚钱的方式叫作“提高毛利”。

实际上，顾客不怎么关心接近下限价格的便宜商品的价格。我们在着手更新很多菜单的时候，逐渐注意到了这一点。例如，即使将许多顾客都会点的 280 日元的毛豆涨到了 330 日元，明明涨了相当于原价 17% 的 50 日元，也没听说顾客有不满。当然，这也是有条件的，它始终是以在菜单全面更新时，将对包含其他商品在内的全部商品的价格进行调整为前提的。

5 调齐不含税时商品的10日元以下位数的价格

我们在核对商品价格的时候，还有一点需要注意，就是“把10日元以下位数的价格调齐为1种或2种”。例如，像“580日元”“480日元”这样将10日元以下的位数调齐为“80日元”，或者像“330日元、430日元……”“380日元、580日元……”这样将10日元以下的位数调齐为“30日元”

10日元以下的位数全都是“30日元”或“80日元”

广岛某家居酒屋的“烤鸡肉串”和“炸串”类别。由于将10日元以下的位数的价格调齐为“30日元”和“80日元”2种，所以容易记住

和“80 日元”2 种。这和价格线的考虑相同，顾客在结账的时候估价会变得容易些，有减小顾客紧张感的效果。

针对消费税，在栏外注明“不含税”的提醒方式是主流

2014 年 4 月 1 日，消费税率从 5%上调到 8%。配合税率的上涨，日本政府出台了名为《消费税转嫁对策特别措施法》的带有一定期限的法律。

于是，在菜单上表示含税总价的“总额表示义务”被放宽了，“780 日元+税”等单独表示税费或“3000 日元（税后 3240 日元）”等强调不含税价格的方式得到了认可。在餐饮业，如何在菜单上标记消费税，大家彼此观察过很长一段时间，后来一些大型连锁店统一采用了单独表示税费的方式，顾客也都慢慢习惯了这种方式。这种情况下，通过标注“不含税”，在菜单页容易看到的位置刊登大意为“结算时请支付消费税”的提醒方式成了主流。这个时候要是将不含税商品的 10 日元以下的位数调齐为“80 日元”等，便可以消除顾客的紧张感。

但是，关于宴席的价格，有些餐饮店用整数规定了“人均 5000 日元封顶”之类的预算，所以用含税价格表示出来更容易获得宴席的订单。

6 优先考虑让商品的价格通俗易懂，尽量统一同类别内的商品价格

例如，常常看到有些店在饮品“掺苏打水加冰的威士忌”这个类别中，规定了普通“掺苏打水加冰的威士忌”是480日元，“使用可乐制作的”是500日元，有20日元左右的价格差。因为与掺二氧化碳的威士忌相比，掺可乐的威士忌成本更高，所以售价也理应高一些。这是可以理解的。

虽然这样的标价方法没有错，但如果只有这点价格差，倒不如将普通的“掺苏打水加冰的威士忌”和“使用可乐制作的”统一为480日元，这样顾客更容易看懂，高杯酒总体的点单量会增加。食品菜单也一样，如果商品的价格只有10~20日元的差距，请尽可能将价格统一。

某居酒屋在更新菜单的时候，将“白酒”类别的价格线调齐为每杯480日元和580日元2种价格。当然，各种白酒的成本是不同的，但没有根据成本决定价格，而是站在顾客角度给出了2个价格线。这样，清楚白酒成本的顾客会认为

"赚到了"，就会多点几杯。而不清楚白酒成本的顾客也会因为价格好记，去品尝不同类别的白酒。结果，这家店的白酒点单量得到了大幅增加。

将白酒的价格线统一成2个

各白酒的成本虽有不同，但将价格线调齐为"加价白酒"580日元、"白酒"480日元2种，结果大幅增加了白酒总体的点单量

7 顾客用“1、2、3、5”考虑预算，通过“1 比 1.3”认识价格差

顾客通常会怎样认知价格呢？这个问题在心理学领域取得了进展，被经常应用于市场营销中。我在这里说明一下它的思维模式。

据说在考虑预算的时候，人会自觉地想到“1、2、3、5”。考虑下我们自己身边的事就会明白这一点。去吃饭的时候我们会这样考虑金额：“找一家花费在 1000 日元以内的店”、酒会或宴会的话“每人预算 3000 日元”等。而不会像“找一家每人 3800 日元预算的宴席”这样来考虑金额。也就是说，人们通常用以“1、2、3、5”开始的整数来考虑预算，比如 1000 日元、1500 日元、2000 日元、3000 日元、5000 日元、10000 日元等。

3 成以上才能感觉到价格差

还有一点，在特别的数字中，大家经常提到“1 比 1.3”

法则。换言之，这个法则是指如果数值存在 3 成的差，人们就会明显地认知到它们的差别来。将这个法则应用到菜单上，如果商品价格存在超过 3 成的差，顾客一眼就能看出它的差别来。正如之前在 126 页价格线的地方提到过的那样，10 日元、20 日元的价格差只会让顾客感到难以理解，如果存在 3 成的差，顾客就会注意到。比如，以 480 日元为基准进行计算，顾客容易认识到的金额差就是 480 日元÷1. 3＝369. 2 日元，所以，如果定价 370 日元就会有一种变便宜的感觉。反之，贵的方面就是 480 日元×1. 3＝624 日元，所以如果大致在 620 日元以上，顾客就会感觉到有差价了。

“1 比 1. 3”在排版设计方面同样有效

这个法则不仅是在价格方面有效，针对菜单封面上想要多卖的商品照片的尺寸也是一样。比如，同类别的“主打商品”使用的照片比其他商品大 3 成以上，其中的差别就非常明显了。“1 比 1. 3”法则在很多地方都有效果。

第 7 章

设计出容易点单的页数

把各个类别分摊到实际的页码中

第 4 章至第 6 章介绍了菜单的分类、刊登商品的总体情况、价格的表示方法等要素。接下来制订每个类别如何分摊到菜单的实际页码中。这个作业叫作“分页”。

148 页图是某家店在制作菜单时进行分页的情况。先在一张大纸或白板上写出类别，然后在考虑符合店总体形象的故事性的同时，把类别填到每页上。

之前提到过，故事性就是店家考虑“如何在菜单上传达自己店的价值和商品，才能让顾客最满意”的流程。

比如，顾客先点一杯饮品，店家送到他的座位上。接下来顾客就会点该店的招牌商品——常规的干炸食品或天妇罗，之后还会根据喜好点“丸子”等，最后点一碗荞麦面馆地道的“笼屉荞麦面”。而对食物分量有需求的年轻人，则推荐他点套餐……要一边考虑如何完成这个流程，一边按照顺序从第一页开始分摊类别。

在成册菜单中要有一定程度的商品说明，使用照片的情况下，每一页的商品数量要控制在 15~20 个。

将类别分摊到各个页码中

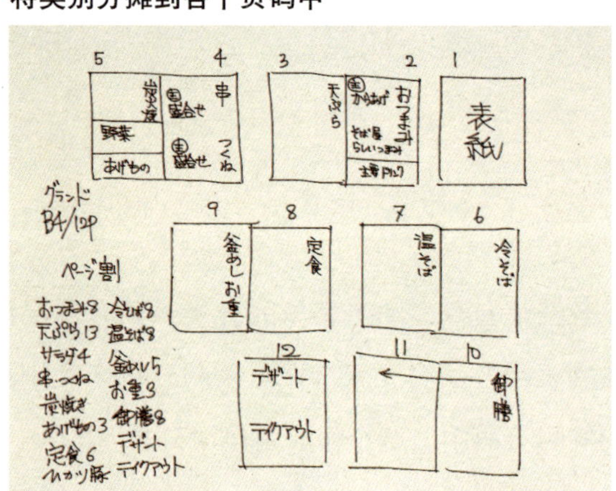

某家店制作菜单时进行分页的案例。先在一张大纸或白板上写出类别，然后在考虑符合店总体形象的故事性的同时，把类别填到每一页上

2 不用打开菜单也能看见的封面和封底很重要

制作菜单时，在封面上只印“店名商标”是非常浪费的。因为封面和封底这一页很特殊，顾客不用拿起菜单也能看到。

所以，封面和封底具有“不用打开菜单也能看见”的特征，使用好它是能极大改变店的营业额的关键。

顺便说一下，即使不是有很多页的成册菜单，而是 3 折菜单（150 页图），也存在相当于“不用打开菜单也能看见”的封面和封底的地方。另外，即使是 1 页菜单，也有不用拿起菜单就能告诉顾客信息的作用。

在封面上传达“店的总体形象”

在很多菜单中，大菜单和食品菜单的封面多用来“宣传

3折菜单也要活用“封面”和“封底”

叠成3层的“3折”菜单，也存在相当于“封面”和“封底”的地方

店的总体形象”。它是一个“媒介”，让来店消费的顾客务必看懂“我们店是卖什么的”。把店的总体形象和所售商品汇集成简短的句子，形成“副店名”作为参考，并加入让人对店的特点产生印象的照片和句子，或者加入招牌商品的照片、“特色介绍”等，这样容易将信息传达给顾客。

此外，当饮品菜单集结成册的时候，要把店的招牌商品或推荐商品放在封面上。传达出“希望您先点这个饮品”的信息，还要加入“为促进地方繁荣，本店提供了很多当地酒”等信息，以传达店家对饮品的想法或考究。

在封底上“劝诱顾客顺便购买”

灵活使用“不用打开菜单也能看见”的“封底”还有引导顾客“顺便购买”的效果。其活用类型有以下几种：

第一是宣传餐后甜品。除了咖啡店或甜品店等以甜品为招牌商品的店，有一大半餐饮店不存在想着“去那家店吃甜品吧”而来店消费的顾客。在大多数店，甜品是顾客不是理性而是凭感觉点的商品，他们会说“虽然肚子饱了，但是看照片很好吃，就点了吧”。所以，在封底上印上好吃的甜品照片进行宣传，会提高甜品的点单率。

第二是在食品菜单的封底上宣传饮品，增加饮品的点单。这种方法面向套餐店或烤肉店等以吃饭为主的、只用 1 页放饮品的店。

刚才介绍了 2 种经常使用封底的类型，除此之外的使用方法，如在某英式酒吧的食品菜单的封底上刊登了“小吃”和“芝士”。

说真的，吃完饭后再来这家店喝酒的顾客，可能比较容易点一些酒。像这家酒吧一样，要认真考虑顾客不打开菜单也应向其传达的信息是什么，然后再来决定如何使用封面和封底。最近，带回家吃的所谓“中食”“内食”① 的需求不断增加，所以在封底上配置打包菜单的店也多了起来。

在“封面”上首先要传达店的总体形象

食品菜单的封面案例。左图用副店名和烤牡蛎的照片传达出这是一家“火炉炭烧”店。右图明确传达出这是一家销售厚片牛排（1磅牛排）和汉堡的店

① 中食、内食：打包带回家吃的食物。中食强调的是店家已经做好，顾客带回家可以直接吃。内食则是指店家做的是半成品，顾客需要带回家自己进行加热等处理。

把想多卖的饮品刊登在“封面”上

饮品菜单的封面案例。左图的和食店想告诉顾客该店的饮品都是店主亲自拜访酿酒厂严选的日本酒，引导顾客一定要点“品酒套餐”。右图是主打葡萄酒的店，在封面上刊登了葡萄酒类的推荐饮品

利用封底引导顾客“顺便购买”甜品

活用“封底”的案例。左图的和食家庭餐馆通过照片宣传甜品。右图是酒吧的案例。为了让吃完饭后来消费的顾客点单，刊登了能立刻上菜的小吃和芝士。另外，2家店都宣传了“打包商品”

3 谁都会看封面之后的双联页

除封面和封底外，重要的是翻开封面之后接下来的“第一个双联页”。如果把封面看成第 1 页，双联页就相当于第 2~3 页。这是顾客拿起菜单后必看的地方。这里刊登的信息，可以加深顾客对店的印象，提高店的营业额。

例如，和食店会有刺身拼盘和干烧鱼“一品料理”、豪华组合“御膳料理”等很多商品。尽管如此，如果在“第一个双联页”上配置“荞麦面”的类别，顾客一开始只点“天妇罗荞麦面”这样一碗就能吃饱的商品，他就有可能完全不看之后的页码了。

所以，要认识到“第一个双联页”有“是顾客必看的地方”这样的特点，好好思考它的使用方法。我们认为“第一个双联页”主要传达以下 3 个信息：

在第一个双联页上着重宣传招牌商品

封面

第一个双联页

在封面上刊登牛排的照片，在顾客打开菜单后看到的“第一个双联页”上大幅介绍“热卖商品”1磅牛排等商品

①刊登有“热卖商品”和“能传达总体形象的商品”等信息

第一种方法是传达务必想让顾客吃到的“热卖商品”和能很好传达出店总体形象的“推荐商品”等信息。例如，上一页的牛排店，如封面的“副标题”所述，是一家销售“1磅牛排和手工汉堡”的店。

1磅（454g）的大牛排是卖点。所以，在封面上印上厚片牛排照片，告诉顾客这是一家“卖大牛排的店”而让顾客拿起菜单，然后在“第一个双联页”上配置上“热卖商品”的头牌——1磅牛排和2磅牛排，传递出“来我家店请点1磅牛排，但也有2磅牛排”的信息。现在来店消费的半数以上的顾客都会点1磅以上的牛排。

②告诉顾客这是一家可以喝酒的店

接下来的方法在和食店、荞麦面乌冬面店经常被使用，在第一个双联页上刊登一品料理和几种饮品，以告诉顾客“我家店可以喝酒”的信息。

正如刚才所述，即使店家准备了可以让顾客“小酌”的商品，如果在“第一个双联页”上刊登“荞麦面”，让顾客在这一页就完成点单，顾客就不会再单点饮品和料理了。

在“第一个双联页”上宣传本店是一家“可以喝酒的店”等信息

在这家和食家庭餐馆的菜单封面上传递了店的总体形象是“可以小酌的店”等信息，还在翻开封面的“第一个双联页”上刊登了下酒菜等一品料理和主要的酒水，以传达“希望您品尝本店的酒”等信息

长崎县的一家和食家庭餐馆的菜单（参考上一页的图）封面上，加入“吃特色天妇罗的同时喝上一杯”的说明，作为总体形象。然后在翻开封面的“第一个双联页”上刊登了“烤黄酱”和“玉子烧”等作为下酒菜的一品料理和主要的酒水，告诉顾客这是一家“可以小酌的店”。当然，还有其他的酒水种类，它和大菜单分开，专门设置了 1 页菜单表。

顺便说一下，在该店改进前的菜单上，刊登在后半部分的饮品旁边还刊登了作为下酒菜的一品料理，但改进后把它放在了“第一个双联页”上，由此下酒菜的销售构成比，从原来的 6% 增加到 9%，酒水的营业额达到了改进前的 1.5 倍左右。

③向第一次来店的顾客传达店的使用方法

第三种方法是“向第一次来店的顾客传达店的使用方法”。159 页是位于东京六本木的一家名为“博多烤鸡肉串”的店的菜单。在福冈和博多的“烤鸡肉串”店，不光用鸡肉，还会把很多食材烤成串，主流是烤五花肉。

在东京很少有人知道“博多烤鸡肉串”这家店，顾客在点单的时候常常会感到不知所措。通过“ABC 交叉分析法”分析改进前的菜单，发现“整套料理”的点单超出了当初的预想。

我们根据这个数据推断，第一次看到“博多烤鸡肉串”而不知道怎么点单的顾客，可能会点能吃到全部料理的整套料理。所以，决定在翻开封面的“第一个双联页”上刊登平常多是放在菜单后半部分的“整套料理”，并注明这是“向第一次来店的顾客推荐的商品”。

向第一次来店的顾客介绍店内料理的享用方法

以“博多烤鸡肉串”为招牌商品的这家店，总店在博多，在位于东京六本木之丘的该店菜单的“第一个双联页”上刊登了“整套料理”。让第一次来“博多烤鸡肉串”店的顾客也能毫不犹豫地点单

4 分配各页商品时要突出店的故事性

考虑如何分页后，就开始制作菜单的“策划书”。所谓菜单的“策划书”，是为设计实际菜单制作基础的版面设计图，它决定着各页刊登的详细项目和配置。

首先，在综合考虑 148 页制作的分页笔记和各个类别的商品数量的同时，重新考虑分页。因为刊登的商品确定下来后，就会出现“这个类别没有必要占用 2 页空间”“用 1/2 页不能放下这个类别的所有商品”等状况。

在分页的时候，要重点处理“热卖商品”，同时考虑空间分配的问题。在刊登店的“热卖商品”及传达总体形象的商品的页码上，还要确保写入特色信息、附加价值信息的空间。

配置时考虑到故事性很重要

排列商品信息和“特色信息”等模块时，认识到店的总体形象和故事性也很重要。下图所示“分页”是一家和食家庭餐馆的菜单，竖着写商品名等信息，使用 B4（257mm × 364mm）尺寸，共 12 页。

在此，我想表达一下故事性，请对照下图的分页来看。

根据决定好的商品数量来重新考虑分页

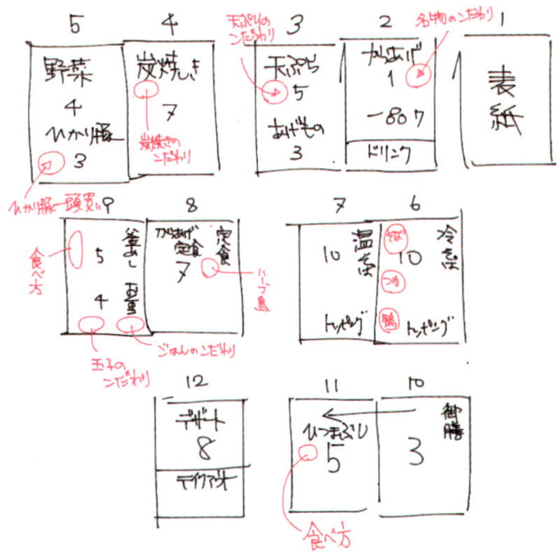

把刊登在各个类别的商品数量写进之前的分页笔记里，确认是否全都收纳进去了。同时，在刊登店的“热卖商品”及传达总体形象的商品的页码上，确保写入特色信息、附加价值信息的空间

刊登页	主要内容
“封面”	·传达店的总体形象。
“第一个双联页”（2~3页）	·配置作为下酒菜的一品料理和天妇罗，传达“我家店可以小酌”的信息。 ·“干炸食品”作为名品被人熟知，要从“油炸食品”的类别中独立出来放在显眼的位置，并写上它的“特色信息”。 ·“天妇罗”能给人一种日式美食的感觉，要放在不同于“油炸食品”的类别里。这也是“热卖商品”，也要写上“特色信息”。
“4~5页”	·新引进的烹调方法“炭烤”和新食材“低脂猪肉”要作为独立的类别让顾客清楚地认识到。因此，也要写上各自的“特色信息”。
“6~7页”	·自制荞麦面的页面。写上荞麦面、汤汁、鸭肉的“特色信息”。
“8~9页”	·是家常菜的页面，刊登1000日元以内的“套餐”等。
“10~11页”	·制作一个“御膳”类别刊登价格多在1000~1500日元，顾客买得起的美食。
“封底”（12页）	·要追加一品料理，用照片的形式宣传餐后甜品。还要加入打包商品的信息以提高认知度。

5 菜单上模块的使用方法（1）

现在说明一下菜单上模块的种类及其要点。用于菜单设计的模块如 164 页上图所示。

①“类别”和“类别说明”要通俗易懂

“类别”是商品的大分类。一般根据“烹饪方式”和“食材的类别”划分商品，但也常会把“热卖商品”“招牌商品”专门分成一个类别。“类别说明”是说明类别内容的文章。

设计类别的要点首先是通俗易懂。顾客在找商品的时候首先会选择类别。有些分类会让菜单上的商品变得难以选择，给顾客带来紧张感。所以，类别的命名、字体、所处位置等全部信息都要通俗易懂。

菜单上主要模块的种类

类别名容易导致的错误

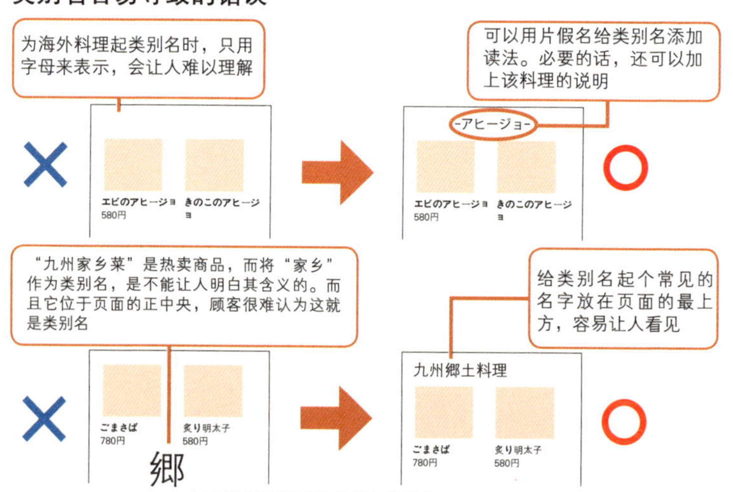

起个谁都看得懂的类别名比较好

另外，只有字母的类别名，虽然设计简约，但常常不能向顾客传达类别的含义。在法国料理和西班牙料理的菜单上，除了写上字母外，还要在旁边用日语写上它的含义和读法。

②起个能让人看懂商品特点的“商品名”

起“商品名”的要点是只通过商品名就能基本上清楚它的内容。因为不是每个顾客都会详细阅读商品说明的。

比如，如果是自家腌制的咸菜，商品名不应该是“咸菜”而是“自制咸菜”。另外，特别是名品料理等，还要注意像“双叶农场的绿色沙拉”这样传达出“在附近农场采摘的”等附加价值或店的特色来。但是，如果将所有商品名都加上特色信息，会让人视觉疲劳，因此请注意保持平衡，详略得当。

另外，“整套料理”或“成套料理”的名称，要尽量做到只看名称就能知道它的特点。比如，不是像“特别套餐”，而是像“应季鱼刺身拼盘和主厨推荐的日式整套料理”这样起名，要做到不看说明文字就知道整套料理有什么特点。

要在使用了白酒、日本酒等难读日语汉字的商品名上标注假名，因为常有因为不会读商品名而不点单的顾客。并不是所有顾客都会问店员，不让顾客丢面子也是非常重要的。

起个能让人看懂商品特点的“商品名”

在这个居酒屋的案例中，通过商品名就能看懂食材、烹饪方法、尺寸等商品的价值

和食店的案例。“雅御膳”“特别御膳”等虽然可以表现出豪华感，但传达不出内容。要尽可能加入食材等信息，起个通俗易懂的商品名

商品说明做到简洁明了

理想的类别是只有1个价格线

有时候，如果同一类别内的商品有价格差，即使商品再好，顾客也不会选择。此外，如果如上图所示，把同一类别内的价格线全都设置成“一律480日元”，顾客就可以仅根据内容来点单了。这样顾客会觉得可以自由地选择自己喜欢的料理，从而提高他们的满意度

③“商品说明”做到简洁明了

加入“商品说明”后会让菜单更加生动活泼。至少要对来自国外的新型料理等难懂的商品、“招牌料理”等想传达给顾客其价值的商品等附上说明。当顾客问“这是什么料理”时，店员表达的具有店特色的说明是制作商品说明的基础，也是商品说明的秘诀。

另外，如果商品名是“鱼贝类的海鲜沙拉”等说明性文字，只通过商品名难以传达出商品的特色和风味，可以加入“与清爽的秘制调料完美融合”之类的解释，不过文字要短。如果是需要长篇说明的重要商品，在页面上设一块与底色不同的显眼区域，作为“特色信息”刊登出来更能被顾客觉察到。

④“标注价格”要易懂

“标注价格”有三个要点。一是有 1 个价格线的情况。如上一页右下图所示，如果“搭配葡萄酒的塔帕斯”全都是 480 日元，就不用在每个商品上都写出价格，而是只在“塔帕斯”这个类别的页面内的一个地方用大字写上“ALL 480 日元”即可。顾客看到后就会知道“所有商品都是一个价格”，在选择商品的时候也会消除紧张感。换句话说，顾客就不会受限于预算，而会单纯地选择自己喜欢的商品，满意度也会提高。

二是商品的排列顺序。没有必要按照价格排序。重要的是考虑把想多卖的商品放在页面的哪个地方最显眼，能如期增加点单。比如像 169 页上图所示的竖写菜单，如果将版面设计成让顾客的视野从右至左移动的形式，就要在最右侧列出 1~2 种想多卖的商品。另外，为了让顾客不觉得贵，在顾客容易看到的行列两端尽量不要放高价商品。

三是展示高价商品的方法。在 130 页已经做过介绍，在此不再详述。和其他商品相比，在价格上有相当大差距的商品，请从大菜单上删除并放进一个专门的菜单里，或者在菜单里划分出一个明确的专区以传递它自己的价值。重要的是让人觉得“这里价格便宜”，或者给人留下“这个专区的商品另当别论”的印象。

通过商品的排序提高销量

在招牌商品“店员任选4种下酒菜拼盘”之后，在菜单上侧设置“综合鱼松”，看起来非常显眼

高价商品放在专区里

如果把“鱼翅汤”一起放进汤品类别中，会让人觉得汤品的价格高，案例是把“鱼翅汤”另设专区。通过背景色和设计形成专区，避免给顾客留下“所有汤品都很贵”的印象

6 菜单上模块的使用方法（2）

接下来进一步说明用于菜单上的模块的详细使用方法。

⑤“有特色的信息”“有价值的信息”

餐饮店的“有特色的信息”“有价值的信息”，大致分为三类。首先是与“食材”有关的信息。它是像“冰见渔港直送的早上捕捞的应季鱼”之类的信息。其次是与“做法”有关的特色信息，是像“本店花费 5 小时精心熬制”之类的信息。最后是该店的历史等区别于其他店的有价值的信息。另外，还包括建筑物和内部装饰的总体形象、“夜景很漂亮”等选址价值、“厨师在法国进修过”等与烹饪技术相关的价值等带有差异化的信息。

“食材”和“做法”是任何一家店都必须考究的，所以在浏览商品的同时，把想到的商品特点列成表格。然后，把只有该店才有的差异化信息写出来，甄选出要刊登在菜单的商品。

当用大篇文字说明“特色”和“有价值的信息”时，需要设置专区，并在专区上加上“标题”。比如加上“本店每天亲手制作烤鸡肉串”而不是只用“精心特制的烤鸡肉串”作为标题，要点是即使顾客不阅读下面的全部说明，也能通过标题了解店的特色。

通过“特色信息”提高商品的价值

封面

宣传本店才有的附加价值：“本店改建自古民宅”

以鱼的新鲜度作为食材的“特色信息”。顾客不用看说明，通过标题就能明白内容

第3页

第8页

天妇罗的“特色信息”。同样也可以不用细读，通过标题和照片就能明白内容

也要刊登用于天妇罗的调料的“特色信息”

⑥要选择令人垂涎的“照片”

不管怎么说都要使用食物看起来好吃的照片。有些个人经营的店会使用店主自己拍摄的模糊照片或者色彩不好的照片，这样反而会造成不好的印象，加入照片也就毫无意义了。

如果是一般商品的照片，想让照片看起来美观，就要统一同一页面内商品的拍摄角度，这一点非常重要。我们可以从商品的正面，以 45 度左右的倾斜度俯视拍摄。另外，要把镜头拉开一些，连盘子也一起拍进去，让菜单的设计师修剪底片，制作成有设计感的菜单。“招牌商品”和“热卖商品”，除了正常的拍摄以外，还要从多个角度进行拍摄。因为招牌商品会用在很多地方。

另外，在拍摄“传达多肉汁、嘶嘶感”“传达手工制作感”等有明确目的的照片时，要想办法改变机位，拍摄到肉从铁板上升起的蒸汽，或者拍摄到店员准备料理时的动作，以强调手工制作感。

为了美观，统一拍摄照片的角度

拍摄一般的商品照片时，要统一商品放在桌子上的角度、面对镜头的角度

拍摄传达嘶嘶感印象的照片时，要清楚想让顾客看到什么，然后再锁定重点

为了让顾客能清晰地看到“比萨饼”的食材，要从正上方拍摄

菜单上使用的照片，要统一拍摄角度。只要花点功夫进行准备，就能拍出好看的照片

说明享用料理的方法，减少店员的负担

吃法的说明。通过菜单进行说明，可以让店员的工作变轻松

加入“现点现烤”的说明，用积极的方式传达本店商品需要一些烤制时间

向第一次来消费而不熟悉“博多烤鸡肉串”店的顾客说明商品的基本信息

⑦严禁使用太多“推荐料理”的“图标”

菜单中使用的有代表性的“图标”是“推荐料理”的图标。加上图标有吸引顾客目光、加深商品印象的作用。但是，如果使用太多图标，顾客会感到眼花缭乱，也就丧失了图标的意义。“推荐料理”的图标数量最好在 1 个类别商品数量的 30% 以内。即使改成“NEW！”之类的图标，使用太多也会起到相反的效果。

⑧在菜单中不要使用蓝色、黄绿色、紫色

设计菜单时，最好不要使用蓝色、黄绿色、紫色等颜色。据说蓝色是降低食欲的颜色。另外，黄绿色像“青色的香蕉”一样，会给人一种“还没熟＝不能吃”的印象。另外，据说“紫色”会让人联想到“有毒”。因此，这些颜色不适合用于菜单。但是，紫色还会给人“高贵的颜色”的印象，所以会使用在佛事菜单中。

⑨通过“吃法的说明”减轻店员的负担

还可以把“吃法的说明”刊登在菜单上。来自海外的新

型料理和日本各地的地方菜等，顾客没怎么吃过，但觉得好吃，对于这些商品，要制作一个专区来说明怎么吃。这样一来，菜单就可以代替店员给顾客作解释了。所谓热情待客，重要的是店员要向顾客解释商品及其吃法，但在人手不够的时候，店员最好去做只有人才能完成的工作。

⑩通过“提醒说明”提高商品价值

例如，提供“烤鸡肉串拼盘”耗时长时，要有“烤鸡肉串拼盘要稍微花些时间”之类的提醒，其要点是尽量积极地加以解释。例如，可以考虑加入“我们的商品是现点现做，需要 15 分钟左右”之类的事项以强调“店的特色”，从而提高商品的价值。

用与菜单等大的纸张制作策划书

要以商品数量重新调整的分页为基础，排列主要的模块，来制作菜单的“策划书”。操作时注意以下 4 点：

①版面设计时要有“点单控制”意识

不要只是盲目地配置商品，要一边考虑想卖什么商品，一边带着“点单控制”的意识进行配置。“热卖商品”占用的空间大，使用的照片也要大。

操作复杂的商品不要使用照片，还要省略掉商品说明，对于想发展成为“招牌商品”的地方菜，要刊登上“特色信息”，这些内容在版面设计中都要有所体现。

②用与菜单相同的尺寸制作“策划书”

“策划书”要制作成与菜单相同的尺寸。因为用多大的尺寸介绍“热卖商品”是以实际尺寸为基础来判断文字和照片的大小的。特别是在制作策划书时，如果不确认文字的大小，即使在设计之后发现文字太小难以阅读，也很难更正了。至于文字的大小，商品名文字的基准是 16 磅（1 磅约 0. 35mm，16 磅文字的边长约 5. 62mm）。

③应对认真看菜单和不看菜单的人

看菜单的顾客各种各样。既有仔细看菜单内容的人，也有完全不看的人。所以，制作菜单时有必要考虑到这两类人。特别是要考虑到那些几乎不看菜单的人。例如，“特色信息”栏里，要在标题和照片上体现必要信息，“商品信息”栏里要只通过商品名和照片就能传达出必要信息。

④设计师要重视传达版面设计的意图

大多数看过菜单“策划书”的设计师都认为必须严格按照策划书进行配置。于是，有时候菜单就变成了枯燥无味、

版面设计时要有“点单控制”意识

不要只是含糊地配上商品名和照片，而要在版面设计中突显销售商品的意义。让想多卖的商品更加醒目，用“特色信息”加深顾客对商品的理解

没意思的设计了。

为了避免这种情况发生，在做完“策划书”，请设计师制作菜单的时候，需要按照162页所示的那样详细说明它的故事性。并且，为了实现这个故事性，要告诉设计师可以基于他自己的想法更改其中的细节。这样一来，就可以有自家店风格的设计了。请一定记住这一点。

要活用设计师的想法使其通俗易懂

有时候策划书做得很精致，设计师却只是生搬硬套，使版面设计了无生趣。所以把策划书交给设计师的同时，要详细说明每一页面的意图，活用设计师的创意，这样才能制作出顾客喜欢的菜单来

第 8 章

菜单的使用方法

顾客的座位上放几本菜单比较好？

菜单的设计确定下来后，要逐页确认菜单的内容。此时，请多校正几遍错别字。以前出现过几次我们明明仔细检查了好几遍，结果在店里实际使用的时候发现错误的情况。所以，店里的主要店员要认真检查菜单，这样不仅能发现错误，店员还会加深对新菜单的理解。

如何计算店内需要的菜单数量?

我们经常被餐饮店的店主问道："我们店多少本菜单比较合适?"当然，根据每个店菜单的不同的使用方法也会有所不同，这里我们介绍一下合适的菜单数量的计算方法。

首先，如果每桌顾客人手一本菜单，会增加人均消费。因为它比几个人看一本菜单更利于顾客点单。所以，最好是根据店内的座位数来确定菜单数量。但是，考虑到成本和空间的问题，这是不现实的。实际上，吧台和餐桌分别放几本就可以了。

两人桌和四人桌的情况下，一般先在桌子上放（常备）1 本菜单。等顾客坐下来后，店员再拿来 1 本，保证桌子两侧各有 1 本，让顾客们看 2 本菜单。

六人桌的情况下，准备 2 本菜单作为备用，等顾客坐下来后，再拿来 2 本，总共让他们看 4 本。

如果是吧台式的座位，一般每 2 个座位先放 1 本菜单。

在计算菜单数量的时候，重要的是每张桌子上常备 1~2 本菜单。经常听店主说“我们店内的桌子很窄，所以每次店员都要把菜单拿回来”，这样就会失去让顾客追加点单的机会。要在每张桌子上至少常备 1 本菜单。越是生意兴隆的店，越会在桌子的下面制作一个架子放菜单，或者在座位附近的墙壁上安装专门的支架放菜单等，以提高营业额。

2 所有店员都要确认新菜单的操作流程

在开始使用新菜单之前，为了确认新的操作流程，所有店员都必须进行演练。在演练过程中，要仔细确认当顾客集中点招牌商品和新品时，是否会打乱操作流程。

特别是在商品构成大幅度变化的时候，大厅和厨房两方面都要进行演练。进行大厅的演练时，有些店常常不等菜单的设计确定下来，就把基本上接近尾声的菜单复印下来进行演练。

新商品，要兼顾厨房一起进行演练，让所有店员试吃后记住商品的情况，做到所有店员都能向顾客进行说明。

在我们指导过的店里，除大菜单外，有些店还准备了饮品菜单、单页推荐菜单、儿童菜单等。

在更新大菜单的同时追加了这些菜单的店，还要在接待使用这些菜单表的顾客方面进行演练，以增加顾客的追加订单。

例如，一家居酒屋准备了专门的甜品菜单，顾客是在店员将其拿到座位上进行点单。这样可以促使犹豫要不要点甜品的顾客点单。

请演练并记住这种新的待客方式，以有效利用新的菜单。

引进新菜单后要再次确认操作流程

引进新菜单的几天后，还要事先决定时间表，必须确认当初假定的操作流程会不会引起混乱。在新菜单导入前不管进行多少次试验、在引进新菜单前演练过多少次，也会经常发生在正式运行中行不通的情况。特别是厨房的操作流程，请精心检查，如果提供商品需要花费相当长的时间，请进行改进。因为让顾客等待会引起顾客的不满，从而直接影响到将来的营业额。

操作流程混乱的类型大致分为 2 种：

一种是因为店员还不熟悉新商品而造成的混乱。大多数情况下，可以通过改进烹饪方法和准备方法来解决。另外，如果只是不熟悉而导致问题出现，几天后操作流程就会好起来。

另一种类型是通过更新菜单，想多卖的商品出现出乎意料的点单集中的时候。以前，有家我们指导过的店，想增加对味道很有自信的猪排盖浇饭的点单量，就重新制作了菜单，把猪排盖浇饭作为“招牌商品”大力宣传。这个更新大获成功，猪排盖浇饭的点单超出了想象。但是，厨房的一名店员只能专心做用鸡蛋包裹猪排这一工作，严重影响了烹饪其他商品的时间。

这家店通过 1 个月左右的观察，稍微修改了菜单。决定通过稍微减少猪排盖浇饭的制作来减少点单量，于是店内的操作流程又恢复了正常。

3 更新菜单时首先要加强通报的力度以吸引顾客

更新菜单后，为了达到预期的效果，第一时间告知顾客非常重要。因为为提高营业额和人均消费而绞尽脑汁制作出的菜单，如果不能实际招揽顾客来店消费，就发挥不了作用。另一方面，重新制作菜单本身，会增加顾客对店的期待，成为吸引顾客的要素。没有理由不认真对待。

要想消除操作流程混乱这样的问题，请在更新菜单的同时通报顾客。如果新商品较多，需要进一步确认，可以用 1 周左右的时间确认操作流程后再进行通报。可以使用店前（Facade）的墙面或 A 型招牌、信件广告（Direct Mail），像网站和脸书（Facebook）之类的社交平台（SNS）进行通报。

4 菜单的封皮最好使用能看见封面的类型

这里还要介绍一下菜单的封皮。菜单的封皮有很多种，大致分成 2 种：一种是由透明薄膜制成的能看见封面设计的“清晰类型”；另一种是使用合成皮革制成的“硬皮类型”。后者的优点是显得高档，但菜单的封面会被完全挡住。

所以，我们在协助餐饮店更新菜单时，除了一部分人均消费较高的店之外，都推荐使用能看清封面的“清晰类型”菜单封皮。因为像之前介绍的一样，封面是传达“店的总体形象”的地方，封底是劝顾客“顺便购买”甜品和打包商品的地方，都有很重要的作用。如果把封面和封底遮挡起来，会使更新的效果骤减。

特别篇

用手写菜单增加顾客对商品的印象

手写菜单的魅力在于传达店的特色和温情

所谓“手写菜单”，是指不使用电脑软件，而使用毛笔或钢笔书写的菜单。

手写菜单的特点是给人一种速度感，只要有毛笔或钢笔，谁都可以立即完成。它适合用在介绍只在当日提供的料理或当日到货的鱼、日本酒、葡萄酒等“当日推荐”和“当季推荐”上。

相对于大菜单来说，知道这些菜单的顾客，首先会看手写菜单，说着“今天都准备了什么”以表示关心店的特色。在重视季节感的和食店，经常替换商品的居酒屋或者餐吧，手写菜单和大菜单一样，都是重要的促销工具。在顾客坐下来的同时，店员会拿出手写菜单说“这是今日推荐料理”以给顾客留下印象。还有些情况是店员不是拿着写在纸上的手写菜单，而是拿着写着菜单的黑板来到餐桌前。

手写菜单有“应季感”，日本人觉得特别有魅力

为什么手写菜单会让人觉得有魅力呢？

一是因为它比大菜单更能让人感到“店的特色”。特别是带有日期或当天天气的手写菜单，“精选采购新鲜食材”“根据当日的食材来决定有特色的菜品”的印象就会更深。手写菜单的魅力在于能让日本人感到自己所重视的“季节感”。

二是因为手写的文字和插图容易突显个性，很好地传达出店主和店员的人品来，能给人一种和受欢迎的店员、店主交谈般的愉悦。

顾客最初拿起的多是手写菜单

活用手写菜单增加店的魅力的案例

在这里介绍几个使用手写菜单后的营业状态的案例。

传递温情的居酒屋的手写菜单

首先在198页有一个居酒屋的案例。从独特的书写字体来看，该手写菜单传达出店员具有一种“看似冷漠实则温柔”的人格，很有趣，不是吗？

这家店的招牌商品是“炸鱼肉饼”。这个商品名的文字比其他商品都大，看起来还专门使用标尺画了个框围起来，以做到最醒目。在“炸鱼肉饼”这个商品名的旁边盖了一个带店名的印章，印章的红色在纸张上起到了很好的强调作用。

对于有些类别名，也可以用红色的框围起来以引人注目。整体而言，手写菜单使用了黑色和红色两种色调，质朴且易懂。

有店的特色和季节感

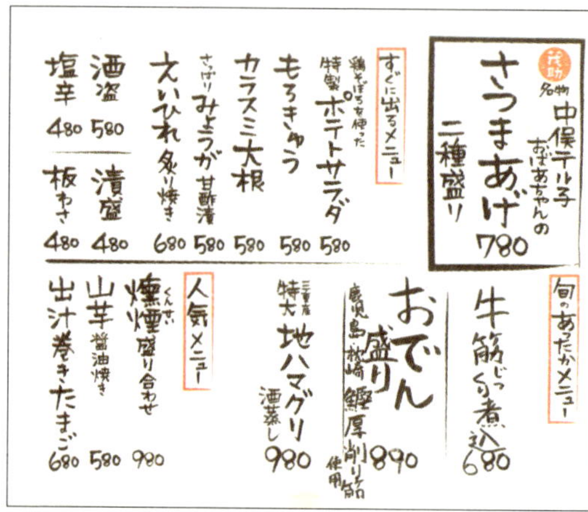

一家居酒屋的手写菜单。招牌商品是“炸鱼肉饼”。和其他商品相比，用格外大的文字写商品名，并用框围起来，很醒目

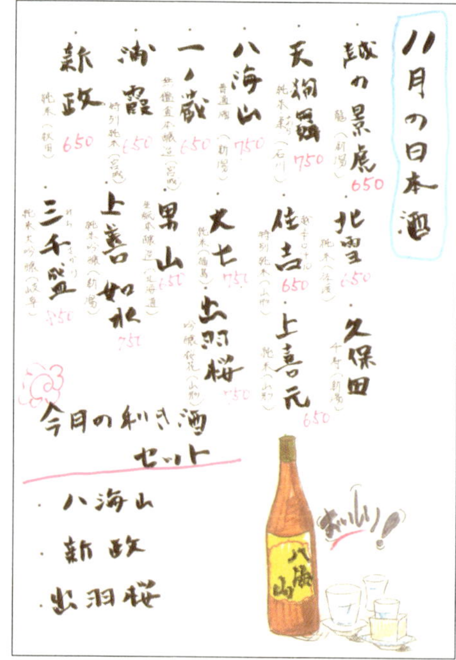

另一家居酒屋的手写菜单。标题是“11月的日本酒”，让人感到季节感，宣传了店的特色

“当月推荐日本酒菜单”强调季节感

198 页的下半部分是另一家居酒屋的手写菜单。通过当月推荐菜单介绍日本酒，会让人感到“季节感”和“应季感”，以此来宣传该店对日本酒的考究。

把手写菜单的标题命名为“11 月的日本酒”，比“本月的日本酒”更能给人一种“这是家有品牌、熟知出品日期和擅长制作日本酒的店”的印象。

也可以给不熟悉日本酒的顾客推荐“品酒套餐”，让他们感受到品酒的喜悦。在这些套餐上可以贴上印花来表示，还可以添加手绘插图，以传达品日本酒的喜悦。另外，用颜色、字体、不同种类的笔细分商品名、价格、生产地等信息使之更容易辨认，这一点也值得参考。

法式小餐馆（Bistro）以食材著称

201 页是法式小餐馆风格的当日推荐。加上日期后，有种“本店的菜品是根据每天的食材打造而成的”的强烈印象。店家通过在“烤鲜鱼”一栏内添加“清淡、可口”等信息，增加了亲切感。只用签字笔画出的法国国旗也是一种很好的强调方式。

该当日推荐是先准备好一张事先只写有“调味鲜鱼片”“烤鲜鱼”等类别框的原件，然后复印并在上面写上每天替换的商品名。因为只需写上商品名，所以省时省力，还能防止忘记写类别名等错误。

添加插图的时候，如果每次都需要画比较麻烦，所以可以准备一些带有店的图标、酒杯、酒瓶之类的与营业情况相符合的插图模板。把它复印下来使用，这样可以营造出轻松愉快的气氛。

使用详细的插图来提升咖啡店商品的魅力

202 页是咖啡店风格午餐的案例。在乳蛋饼（quiche）、三明治、意大利面等每一个具体食材上下功夫的菜单，如果使用插图来说明食材的具体内容，容易增加点单。

像菜单下面的“甜品”专区那样，对于多由女性点单的商品，如果使用插图，会容易引起她们的注意，进而追加点单。很多情况下“可爱的”插图在女性心目中比照片更有魅力。

事先准备好原件，每天就能轻松完成

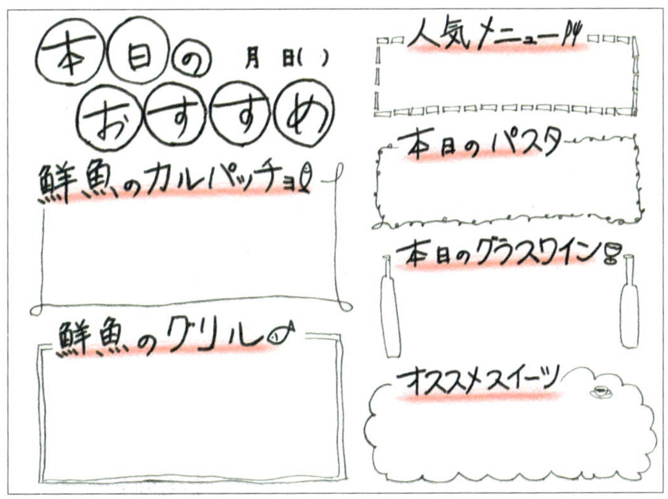

事先准备好当日推荐菜单的原件，然后只需写上商品名，所以操作起来比较轻松

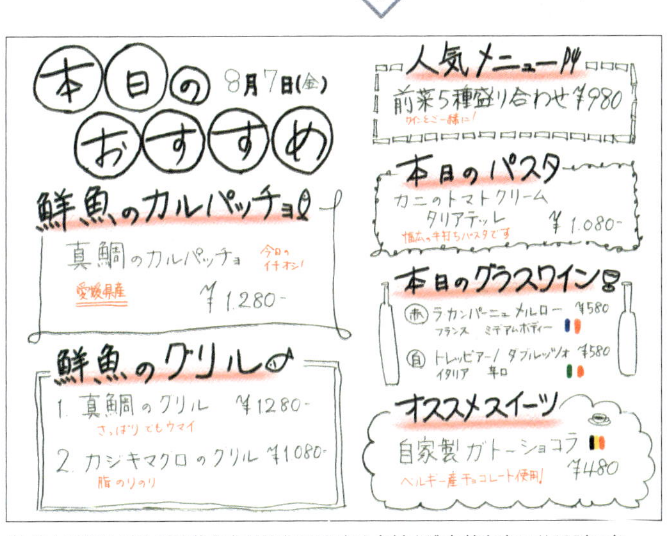

法式小餐馆的当日推荐菜单有根据每天采购的食材来准备特色商品的强烈印象

图解本店在食材上下的功夫以提高商品的价值

咖啡店风格午餐的案例。在乳蛋饼（quiche）、三明治、意大利面等具体食材上下功夫的菜单，如果使用插图来说明食材的具体内容，容易增加点单

3 巧妙制作手写菜单

现在开始具体介绍手写菜单的制作顺序。

首先，手写菜单使用的纸要选择符合店的气氛和菜单内容的纸。不能像大菜单那样有背景色，纸的色彩和花纹是重点。要注意，选择的颜色不要太深。

其次，因为菜单是顾客拿在手里的东西，所以还要注意纸的质感。205 页汇总了纸的种类。在店里只准备 1 份原件并复印所需张数的时候，要确认这份原件是否适用于复印机。

决定写什么商品

要决定在菜单上写什么商品。如果在手写菜单上有忘记写的商品就要重新写。为了商品的数量不多不少，还要认真思考在页面的哪个位置写哪个商品。

“当日推荐”多使用一张纸的一面，所以刊登商品的空间有限。如果写得过满，在商品名的写法上就没有了气势，手写菜单的感染力也会下降。要控制写在手写菜单上的商品数量，写当天上市的推荐商品和带有季节感的商品即可。

用符合店和商品气氛的纸会提升“手写”的效果

	日本和纸	草纸
纸质印象		
纸的特点	和风气息，色调均匀。暖色调	舒适感，暖色调，复古风
适用的店	和食店、寿司店	烤鸡肉串店、大众居酒屋
使用注意事项	在复印机上不能使用。也有镶嵌金箔的类型	成本稍高。纸薄，易破

	高级纸（复印用纸）	高级彩色纸
纸质印象		
纸的特点	最常见的纸，不妨碍内容，但是很难突显特色	有红色、黄色和蓝色。色彩鲜艳，有种现代感
适用的店	广泛使用于任何店	咖啡店、餐吧等西式风格
使用注意事项	如果用于彰显个性的菜单就显得太过死板	选择深色调，则显现不出插图和线框的颜色

有些高级纸会事先印刷好复印机读不出的网线和网格。这样可以调整下笔的位置、文字的大小，便于计算每个商品的面积，从而制作出有平衡感的手写菜单

“一句话评语”会增加亲近感

手写活页菜单时，要把“今日推荐”“今日午餐”等在内容上让人一目了然的标题写在显眼的位置。

不是在商品名的旁边写上一般的商品说明，而是加上增加亲切感的“一句话评语”，这样会有华丽转身之感（下图）。写上一些“因为超级新鲜，所以推荐刺身”的建言、“有咔嚓咔嚓的嚼劲，也非常受本店店员的欢迎”等试吃体验，会很好地传达出店主和店员的禀性来。

添加“一句话评语”会增加商品的价值

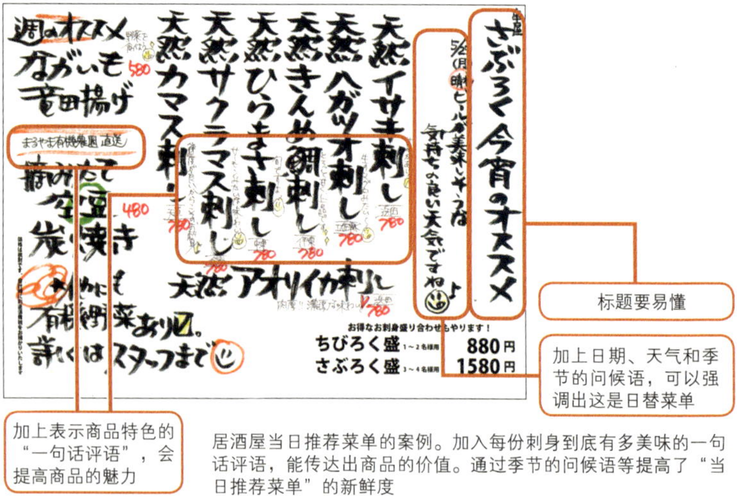

お得なお刺身盛り合わせもやります!
ちびろく盛 880円
さぶろく盛 1580円
标题要易懂
加上日期、天气和季节的问候语，可以强调出这是日替菜单
加上表示商品特色的“一句话评语”，会提高商品的魅力

居酒屋当日推荐菜单的案例。加入每份刺身到底有多美味的一句话评语，能传达出商品的价值。通过季节的问候语等提高了“当日推荐菜单”的新鲜度

在写有日期和当日天气的强调“当日推荐”感的菜单

中，可以像“天很热，辛苦了”“感谢冒雨光临本店”这样，加上与当天情况相符合的评论。这样可以增加“商品都是当天所选”的可信度。

决定版面设计

下笔之前，先决定菜单的版面设计草图和商品的刊登顺序。把商品进行分类，然后分配到一个页面内（下图）。和大菜单相同，要决定在一张纸有限的空间内每个类别中写哪些主打商品，思考按什么顺序写，分别占多大面积。

下笔之前决定版面设计草图

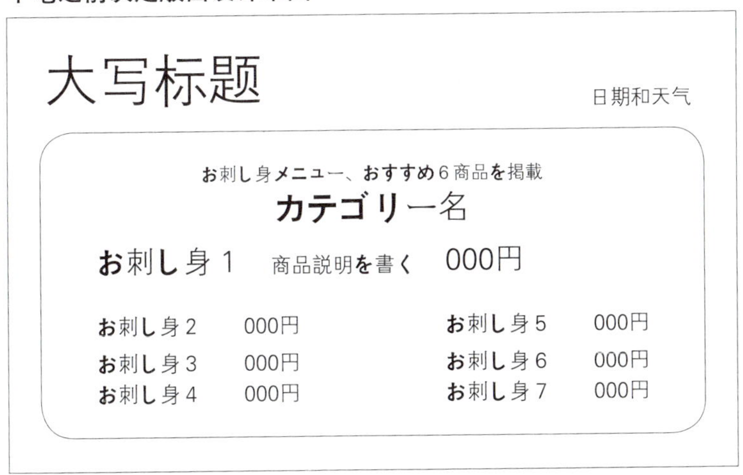

在开始写手写菜单之前，要决定版面设计草图。要考虑标题的大小、推荐商品所占的空间等，还要估计放入几个商品为宜

如果是只有一张纸的手写菜单，可以在一张纸上写多个类别的商品。为了把类别和商品名整理得通俗易懂，有以下方法：

· 用线框围起来（用尺子画线隔开，会有种整洁的感觉，适用于西餐）。

· 放大类别名的文字，和商品名区分开。

· 只在类别名上使用图章或改变颜色。

· 用彩笔在类别名上涂上底色，或者用红色毛笔书写。

打印和印刷

在准备很多份手写菜单时，全都手写比较麻烦，所以会用到复印机。如果原件写在比实际使用的手写菜单大的纸上，复印时缩小到实际使用的尺寸，整体上可以有种紧凑感。

均衡配置推荐商品的位置

事先考虑版面设计，均衡配置商品位置的案例。还要设计好强调商品名时用的红框

4 比潇洒更重要的是文字要让人看得懂

用签字笔书写暂且不说，有些人用毛笔写字时会感到紧张。但是，手写菜单可以传达出一个人的品格来。即使没有自信的人，只要认真写，也能把自己的心意传达给顾客。

但是，手写菜单是顾客点当天推荐商品的工具。虽说潇洒的字很有魅力，但手写菜单毕竟不是书法作品。请注意要让人看得懂。另外，根据“鱼”“蔬菜”等不同的食材种类，或者“刺身”“烧烤”等不同的烹饪方式，要稍微改变一下字体，这样在同一页面内就会有层次感，显得张弛有度。

而且，在女性顾客较多的店，比起棱角分明的字体，圆润的字体更加合适，因为它更能给人一种温柔的感觉。而日本酒专卖店、海鲜居酒屋等男性顾客较多的店，则更适合用粗体的、有气势的字体。根据不同的顾客群体分别使用不同的字体比较好。

过于潇洒的手写菜单会产生反效果

如何写看得懂且有韵味的文字

即使是“不擅长写字”的人，写过几次之后也会写出独具韵味的字来。212 页介绍了书写看得懂且有韵味的字时的要点。在网上搜索“字的写法”等关键字，能找到各种各样的人在介绍自己独特写法的视频，可以作为参考。

使用毛笔、美术钢笔、彩色铅笔、蜡笔等能够表现写字人不同笔法的文具，能够很容易传达出他们的个性与温情来。另外，分别使用粗细不一的文具，比如类别名和商品名用较粗的笔，商品说明用较细的笔或签字笔，这样更容易让人看懂。

学习有韵味的笔法

笔法示例	具体做法及其效果
在书写中途改变力度	书写时，不仅会用到笔尖，还会用整支笔压在纸上写。通过力度改变粗细，写出有韵味的字。
将文字右部下沉或写圆润的字	右部上扬的字有气势。相反，如果是右部下沉的字，或者是轮廓圆润的字，会有一种拙劣但又有个性和韵味的感觉。
故意让字的笔画颤抖	写粗线条时要故意微微颤抖着写，能带来变化感。
将横笔画与竖笔画分粗细书写	明确粗线条与细线条的不同，能突出重点。横笔画可以用粗线条、竖笔画可以用细线条书写。
用相反的笔顺和笔势书写	试着用与平常相反的笔顺，或者用与正确落笔方式相反的顺序书写，会产生有趣的效果。横笔画通常是从左开始书写，如果从右往左书写，能轻松地写出与看习惯的字体风格完全不同的字。
用汉字与假名来改变文字的大小	在一个商品名或说明文时，要用大字书写汉字、小字书写假名。这样有韵律感，能营造出愉悦的气氛。
强调起笔	重写起笔，会起到强调的作用，能写出气势来。

让文字的左右两边平行或者右部下沉，或者采用极度圆润的字体，会有种拙劣但又有个性和韵味的感觉。也可以用粗线条写横笔画、用细线条写其他笔画等方式来强调重点

反写笔顺或笔势能轻松写出与平时不同的文字来

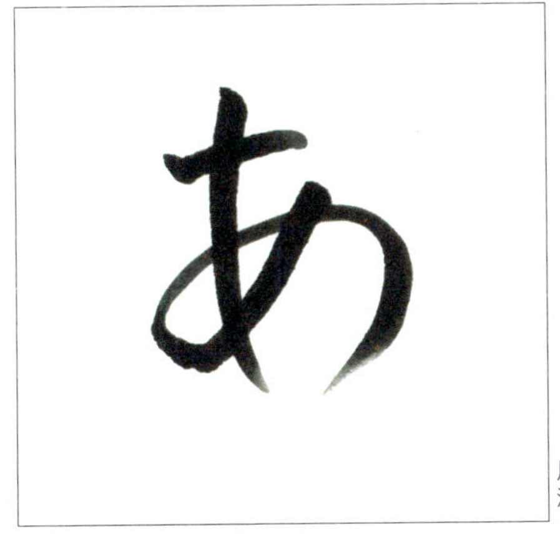

用正常的笔顺、笔势书写的示例。虽然清晰易懂，但是没有特点

从下至上写竖笔画，从右至左写横笔画的示例。形状看起来有些歪，但是字体韵味十足

5 让手写菜单主次分明的技巧

为了能够清楚地将手写菜单中的“热卖商品”告知顾客，着重表现商品名和相关信息是非常重要的。这样能够实现“点单控制”，不仅能让顾客点当日首推商品，还能提高顾客满意度。接下来简单介绍一些能够让顾客一眼看到菜单上“热卖商品”的要点。

①改变文字的大小和颜色

比起其他商品来，要明显地大写推荐商品的字体，也可以只改变推荐商品名的颜色，以区别于其他商品。

②添加详细的商品说明以提高附加价值

在商品名的旁边加上一句用小字书写的商品说明，能够很好地告知顾客这是店家推荐的商品。用签字笔等笔芯较细的笔书写商品说明，能够将其与商品名区分开来，容易看懂。具体来说，可以添加像“今早刚在烧津港捕捞的”“店主首推”“限定三十份”之类的短句说明。

③添加图标使之醒目

图标的作用是添加用红圈围住“首推”“推荐”等字样的符号来吸引顾客的目光。也可以灵活使用市面上销售的图章。但是，过多的图标也会带来反效果，这一点和大菜单相同，请多加注意。

④在商品名上画有气势的圆圈

在商品名上画上一两个有气势的圆圈也是常见的方法。这就像在学书法时老师用红笔给我们画圈一样，能让人感到开心。

⑤画雄壮的红线

在使用毛笔的手写菜单中，不可或缺的技巧是如何使用这个“红色”(217 页的图)。仅在商品名下画一道干净的红线，该商品就会突显出来，红色会让人联想到“居酒屋的店员”充满活力的待客方式。

⑥添加边框

在同一个类别的商品中，要用边框线围住“热卖商品”，这样一来能告诉顾客这是特别的商品，从而引起他们的注意。事例可见 198 页上半部分介绍的“居酒屋”菜单中的“炸鱼肉饼”和 209 页的图。

⑦用荧光笔和彩色胶带围住推荐商品

这是⑥的具体应用。在边框线上使用不同的颜色，或者使用双线边框，这样可以进一步加深印象。在框内填充底色也很有效果。还可以将千代纸等有花纹的纸剪成细条代替边框线贴上去。最近市面上也销售印有华丽图案的遮蔽胶带，可以灵活使用这些商品。

通过文字的大小、红色的使用方法和商品旁边的商品说明等，制作生动活泼的菜单

用红线或者一句话评语来突显推荐商品

⑧添加简单的插图

即使画不出看起来很美味的插图也没有关系，只要添加一张像样的插图，就能吸引顾客目光，就能和其他商品区分开来。将食材的特色、与其他店的不同之处编进插图中进行宣传就可以了。

在插图和颜色上下功夫会起到主次分明的作用

不是很会画也没有关系，只要有插图就会吸引顾客目光

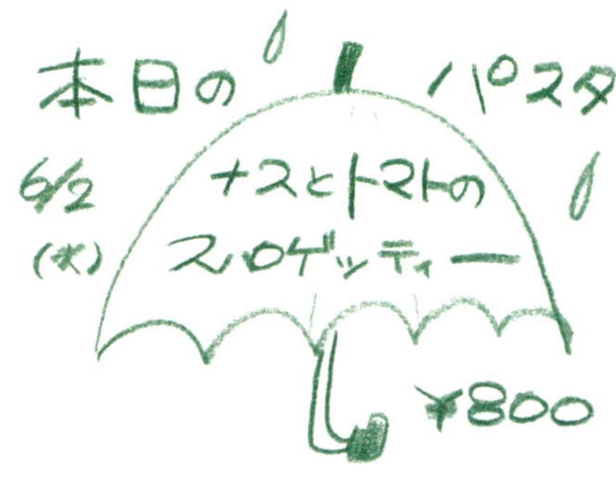

用彩色铅笔和彩色粉笔等就能营造出气氛来。恰当加入日期和当天的天气也有很好的效果

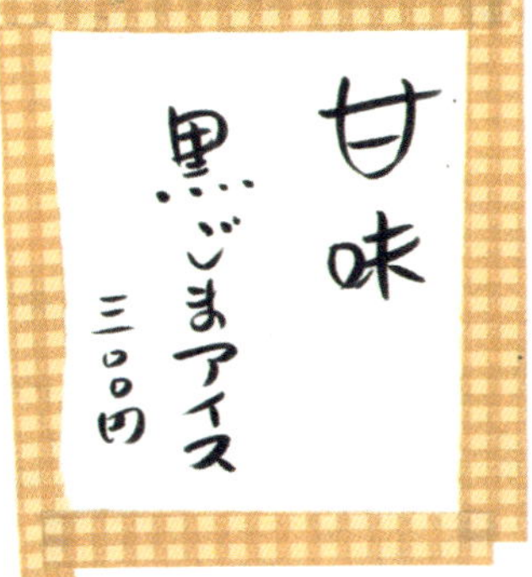

用荧光笔和千代纸，把商品名用不同的颜色围起来，能营造出愉快的气氛

结 语

制作菜单这件事永远没有结束的那一天。在开始使用更新后的菜单1个月左右，请再拿出开始着手更新菜单时的数据，确认其效果是否和预想的一样。可以的话，最好对新菜单再做一次“ABC交叉分析”。至少请确认各商品的点单量与更新前相比有什么变化，人均消费和顾客数量是否达到预期。另外，也要咨询店内店员的意见和建议。要确认新菜单的好处是什么，有没有不好用的地方或不足之处，顾客的评价如何等。

然后，基于通过这些数据表现出来的预测结果和店内店员的意见、建议，在必要的时候对菜单做进一步改进。

菜单是餐饮店一生相伴的重要工具。所以，餐饮店必须持续不断地改进菜单。不论是细微之处的改进或是全面翻新，通过不断地更新菜单，就能获得招揽新客、增加营业额的效果，而且这种效果会一直持续下去。

请各位务必活用本书来制作菜单，把它当作生意兴隆的最好工具。我们也十分期待您能创作出好的菜单来。同时，希望您的店生意能够更加兴隆。

最后，在本书出版之际，向授权本书刊登菜单案例的各餐饮店致以谢意。也向以日经餐厅编辑部的宫坂先生为首的、协助本书出版的各位致以谢意。

河野祐治、笠冈一

“服务的细节”系列

《卖得好的陈列》：日本“卖场设计第一人”永岛幸夫

定价：26.00 元

《为何顾客会在店里生气》：家电卖场销售人员必读

定价：26.00 元

《完全餐饮店》：一本旨在长期适用的餐饮店经营实务书

定价：32.00 元

《完全商品陈列 115 例》：畅销的陈列就是将消费心理可视化

定价：30.00 元

《让顾客爱上店铺 1——东急手创馆》：零售业的非一般热销秘诀

定价：29.00 元

《如何让顾客的不满产生利润》：重印 25 次之多的服务学经典著作

定价：29.00 元

《新川服务圣经——餐饮店员工必学的 52 条待客之道》：日本“服务之神”新川义弘亲授服务论

定价：23.00 元

《让顾客爱上店铺 2——三宅一生》：日本最著名奢侈品品牌、时尚设计与商业活动完美平衡的典范

定价：28.00 元

《摸过顾客的脚才能卖对鞋》：你所不知道的服务技巧，鞋子卖场销售的第一本书

定价：22.00 元

《繁荣店的问卷调查术》：成就服务业旺铺的问卷调查术

定价：26.00 元

《菜鸟餐饮店 30 天繁荣记》：帮助无数经营不善的店铺起死回生的日本餐饮第一顾问

定价：28.00 元

《最勾引顾客的招牌》：成功的招牌是最好的营销，好招牌分分钟替你召顾客！

定价：36.00 元

《会切西红柿，就能做餐饮》：没有比餐饮更好做的卖卖！ 饭店经营的"用户体验学"。

定价：28.00 元

《制造型零售业——7-ELEVEn 的服务升级》：看日本人如何将美国人经营破产的便利店打造为全球连锁便利店 NO.1！

定价：38.00 元

《店铺防盗》：7 大步骤消灭外盗，11 种方法杜绝内盗，最强大店铺防盗书！

定价：28.00 元

《中小企业自媒体集客术》：教你玩转拉动型销售的 7 大自媒体集客工具，让顾客主动找上门！

定价：36.00 元

《敢挑选顾客的店铺才能赚钱》：日本店铺招牌设计第一人亲授打造各行业旺铺的真实成功案例

定价：32.00 元

《餐饮店投诉应对术》：日本 23 家顶级餐饮集团投诉应对标准手册，迄今为止最全面最权威最专业的餐饮业投诉应对书。

定价：28.00 元

《大数据时代的社区小店》：大数据的小店实践先驱者、海尔电器的日本教练传授小店经营的数据之道

定价：28.00 元

《线下体验店》：日本 "体验式销售法"第一人教你如何赋予 O2O 最完美的着地！

定价：32.00 元

《医患纠纷解决术》：日本医疗服务第一指导书，医院管理层、医疗一线人员必读书！ 医护专业入职必备！

定价：38.00 元

《迪士尼店长心法》：让迪士尼主题乐园里的餐饮店、零售店、酒店的服务成为公认第一的，不是硬件设施，而是店长的思维方式。

定价：28.00 元

《女装经营圣经》：上市一周就登上日本亚马逊畅销榜的女装成功经营学，中文版本终于面世！

定价：36.00 元

《医师接诊艺术》：2 秒速读患者表情，快速建立新赖关系！ 日本国宝级医生日野原重明先生重磅推荐！

定价：36.00 元

《超人气餐饮店促销大全》：图解型最完全实战型促销书，200 个历经检验的餐饮店促销成功案例，全方位深挖能让顾客进店的每一个突破点！

定价：46.80 元

《服务的初心》：服务的对象十人百样，服务的方式千变万化，唯有，初心不改！

定价：39.80 元

《最强导购成交术》：解决导购员最头疼的55个问题，快速提升成交率！

定价：36.00元

《帝国酒店——恰到好处的服务》：日本第一国宾馆的5秒钟魅力神话，据说每一位客人都想再来一次！

定价：33.00元

《餐饮店长如何带队伍》：解决餐饮店长头疼的问题——员工力！ 让团队帮你去赚钱！

定价：36.00元

《漫画餐饮店经营》：老板、店长、厨师必须直面的25个营业额下降、顾客流失的场景

定价：36.00元

《店铺服务体验师报告》：揭发你习以为常的待客漏洞 深挖你见怪不怪的服务死角 50个客户极致体验法则

定价：38.00元

《餐饮店超低风险运营策略》：致餐饮业有志创业者 & 计划扩大规模的经营者 & 与低迷经营苦战的管理者的最强支援书

定价：42.00元

《零售现场力》：全世界销售额第一名的三越伊势丹董事长经营思想之集大成，不仅仅是零售业，对整个服务业来说，现场力都是第一要素。

定价：38.00 元

《别人家的店为什么卖得好》：畅销商品、人气旺铺的销售秘密到底在哪里？ 到底应该怎么学？ 人人都能玩得转的超简明 MBA

定价：38.00 元

《顶级销售员做单训练》：世界超级销售员亲述做单心得，亲手培养出数千名优秀销售员！ 日文原版自出版后每月加印 3 次，销售人员做单必备。

定价：38.00 元

《店长手绘 POP 引流术》：专治“顾客门前走，就是不进门“，让你顾客盈门、营业额不断上涨的 POP 引流术！

定价：39.80 元

《不懂大数据，怎么做餐饮？》：餐饮店倒闭的最大原因就是“讨厌数据的糊涂账”经营模式。

定价：38.00 元

《零售店长就该这么干》：电商时代的实体店长自我变革。

定价：38.00 元

《生鲜超市工作手册蔬果篇》：海量图解日本生鲜超市先进管理技能

定价：38.00 元

《生鲜超市工作手册肉禽篇》：海量图解日本生鲜超市先进管理技能

定价：38.00 元

《生鲜超市工作手册水产篇》：海量图解日本生鲜超市先进管理技能

定价：38.00 元

《生鲜超市工作手册日配篇》：海量图解日本生鲜超市先进管理技能

定价：38.00 元

《生鲜超市工作手册副食调料篇》：海量图解日本生鲜超市先进管理技能

定价：48.00 元

《生鲜超市工作手册 POP 篇》：海量图解日本生鲜超市先进管理技能

定价：38.00 元

《日本新干线 7 分钟清扫奇迹》：我们的商品不是清扫，而是“旅途的回忆”

定价：39.80 元

《像顾客一样思考》：不懂你，又怎样搞定你？

定价：38.00 元

《好服务是设计出来的》：设计，是对服务的思考

定价：38.00 元

《餐饮连锁这样做》：日本餐饮连锁店经营指导第一人

定价：39.00 元

《大数据时代的医疗革命》：不放过每一个数据，不轻视每一个偶然

定价：38.00 元

《这样打造一流卖场》：能让顾客快乐购物的才是一流卖场

定价：38.00 元

《让头回客成为回头客》：回头客才是企业持续盈利的基石

定价：38.00 元

《养老院长的 12 堂管理辅导课》：90%的养老院长管理烦恼在这里都能找到答案

定价：39.80 元

《如何战胜竞争店》：在众多同类型店铺中脱颖而出

定价：38.00 元

《店长促销烦恼急救箱》：经营者、店长、店员都必读的“经营学问书”

定价：38.00 元

《餐饮店爆品打造与集客法则》：迅速提高营业额的“五感菜品”与“集客步骤”

定价：58.00 元

《赚钱美发店的经营学问》：一本书全方位掌握一流美发店经营知识

定价：52.00 元

《新零售全渠道战略》：让顾客认识到“这家店真好，可以随时随地下单、取货”

定价：48.00 元

《良医有道：成为好医生的 100 个指路牌》：做医生，走经由“救治和帮助别人而使自己圆满”的道路

定价：58.00 元

《口腔诊所经营 88 法则》：引领数百家口腔诊所走向成功的日本口腔经营之神的策略

定价：45.00 元

《来自 2 万名店长的餐饮投诉应对术》：如何搞定世界上最挑剔的顾客

定价：48.00 元

《超市经营数据分析、管理指南》：来自日本的超市精细化管理实操读本

定价：60.00 元

《超市管理者现场工作指南》：来自日本的超市精细化管理实操读本

定价：60.00 元

《超市投诉现场应对指南》： 来自日本的超市精细化管理实操读本

定价： 60.00 元

更多本系列精品图书，敬请期待！